DOKÉO

LES TOPS DE La France

GÉOGRAPHIE MONUMENTS HISTOIRE ROIS ET REINES

textes Olivier Bauer
Sandrine Mirza
Jean-Michel Billioud

illustrations Francis Gardiol
Vincent Desplanche
Étienne Jung
Rémi Saillard

Nathan

Géographie

sommaire

Clés

Régions

Villes

Sites

Les TOPS

Monuments

Histoire

Préhistoire

Antiquité

Moyen-Âge

Renaissance

XVIIe et XVIIIe siècle

XIXe siècle

XXe et XXIe siècle

Les TOPS

Rois et reines

Moyen-Âge

Renaissance

XVIIe et XVIIIe siècle

XIXe siècle

Les TOPS

Géographie

De quand date la dernière éruption d'un volcan d'Auvergne ?
Où se trouve la plus grande usine automobile du pays ?
Quelle région abrite un « grenier à blé » ? Au moment où la France voit ses régions se doter de nouvelles frontières, à quoi ressemble-t-elle vraiment ?
Bienvenue en France, première destination touristique au monde !

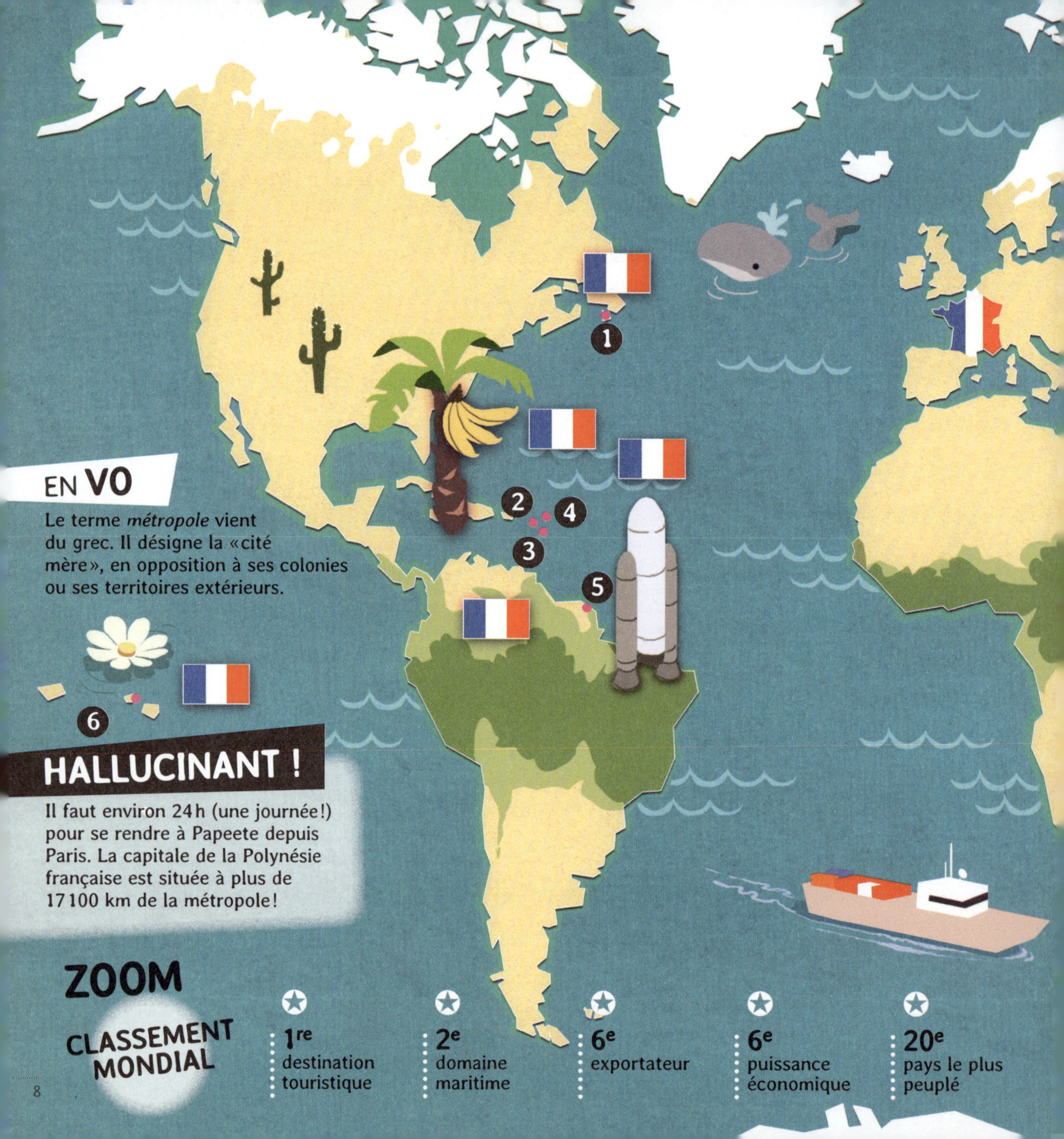

EN VO

Le terme *métropole* vient du grec. Il désigne la «cité mère», en opposition à ses colonies ou ses territoires extérieurs.

HALLUCINANT !

Il faut environ 24 h (une journée!) pour se rendre à Papeete depuis Paris. La capitale de la Polynésie française est située à plus de 17100 km de la métropole!

ZOOM

CLASSEMENT MONDIAL

- **1re** destination touristique
- **2e** domaine maritime
- **6e** exportateur
- **6e** puissance économique
- **20e** pays le plus peuplé

La France en un coup d'œil !

- **population :** 66,6 millions d'habitants
- **superficie :** 675 000 km² (métropole et DROM-COM)
- **capitale :** Paris

De forme hexagonale, la France métropolitaine mesure environ 1 000 km d'ouest en est et autant du nord au sud. Malgré cette taille moyenne, la France est le plus grand pays de l'Union européenne! Avec ses DROM-COM – départements, régions et collectivités d'outre-mer –, elle possède aussi des territoires situés dans l'océan Indien, dans le Pacifique et l'Atlantique. Et une diversité de paysages et de cultures unique au monde!

1. Saint-Pierre-et-Miquelon
2. Guadeloupe
3. Martinique
4. Saint-Barthélemy, Saint-Martin
5. Guyane
6. Polynésie française
7. Mayotte
8. La Réunion
9. Nouvelle-Calédonie
10. Wallis et Futuna

- des paysages **contrastés**
- **5 grands fleuves** en métropole
- **le plus haut sommet** d'Europe (mont Blanc)
- **la plus grande forêt** artificielle d'Europe (Landes)

Une mosaïque de paysages

La France est un condensé de paysages très contrastés. Si l'on trace une diagonale sur sa carte, on constate que le Nord et l'Ouest sont principalement composés de plaines (Bassins parisien et aquitain) et de plateaux (Bretagne), tandis que l'Est et le Centre sont dominés par d'anciens massifs aux formes arrondies par le temps (Vosges et Massif central), et le Sud-Est par les montagnes les plus élevées (Alpes, Jura, Pyrénées, Corse).

Beaucoup de paysages ont été transformés par l'homme. Au fil des siècles, les campagnes ont ainsi été exploitées et sont devenues des zones de culture ou de pâturage. Des vignes et des arbres fruitiers ont été plantés, des canaux ont été creusés et de nouvelles forêts plantées pour remplacer des marécages insalubres.

Depuis les années 1960, des parcs naturels régionaux et nationaux ont été créés en métropole et dans les territoires d'outre-mer afin de protéger les zones les plus sensibles. Et depuis 1986, la «loi littoral» interdit de construire en bord de mer.

HALLUCINANT !

À la suite d'une politique de reboisement, les forêts ont doublé depuis le XIXe siècle ! Elles occupent aujourd'hui près de 30 % du pays.

LA HAINE !

Partout en France, en périphérie d'innombrables villes, les champs et les prairies ont laissé place à d'immenses zones commerciales…

TOUT EN CHIFFRES

- **10** parcs nationaux
- **24** sommets de plus de 4 000 m (Alpes)
- **29,7 %** du territoire recouvert de forêt
- **51** parcs naturels régionaux

Garrigue provençale, plages landaises, forêts des Vosges, falaises de la Manche, Marais poitevin, plaines céréalières de la Beauce et Bocage normand : chacune des régions peut être identifiée par un paysage, des senteurs, une couleur…

SYMPA !

Il existe un «Colorado provençal»! Le site de Rustrel, dans le Vaucluse, est une véritable attraction touristique pour ses rochers de couleur ocre.

SÉQUENCE **ÉMOTION**

La montagne Pelée, en Martinique, est l'un des volcans les plus dangereux de la planète : en 1902, son éruption a fait plus de 29000 morts !

75%
de forêts privées

234 km²
superficie du lac Léman en France (348 km² en Suisse)

1013 km
longueur de la Loire, fleuve le plus long

DUR !

La Côte d'Azur est située en zone sismique. En 1909, le tremblement de terre de Lambesc, d'une magnitude de 6,2 sur l'échelle de Richter, a fait 46 morts et 250 blessés.

- **4** climats
- **latitude** moyenne
- **vents** dominants d'ouest
- **température** douce

Des climats variés

Située à l'ouest du continent européen, la France métropolitaine est dominée par un climat tempéré caractérisé par des températures relativement douces et des pluies réparties tout au long de l'année. Mais, selon les régions et les reliefs, le pays connaît en fait quatre climats différents.

Le long de sa façade atlantique, la France est soumise au climat océanique. Les étés peuvent y être pluvieux et les hivers doux. À l'inverse, l'est du pays connaît un climat continental, c'est-à-dire chaud en été, froid et sec en hiver. Les principaux massifs sont, eux, soumis à un climat montagnard où altitude rime avec froid et neige. Enfin, les plages du sud sont bercées par le climat méditerranéen. Les températures douces en hiver et les journées chaudes et ensoleillées en été y attirent de très nombreux touristes.

DUR !

En décembre 1999, les «tempêtes du siècle» soufflant jusqu'à 200 km/h ont causé la mort de 92 personnes en France!

HALLUCINANT !

Avec le réchauffement climatique, la mer de Glace, plus grand glacier de France, a perdu 1 m d'épaisseur par an sur les 30 dernières années.

TOUT EN CHIFFRES

- 37,6 °C
température la plus froide, le 13 janvier 1968 à Mouthe (Franche-Comté)

43,4 °C
température la plus élevée, le 23 juillet 2009 à Sartène (Corse)

972 g
taille du plus gros grêlon à Strasbourg (Alsace), le 11 août 1958

1825 mm
eau de pluie tombée en 24h à Foc-Foc (Réunion), le 8 janvier 1966

- **10** parcs nationaux ; **340** réserves naturelles
- **grande biodiversité** dans les DROM-COM

Une biodiversité riche mais fragile

La France abrite à la fois la plus grande forêt artificielle d'Europe et 10 % des récifs coralliens et lagons à travers le monde. Cette diversité de paysages se reflète dans la variété de sa faune et de sa flore. Ses 10 parcs nationaux (Mercantour, Réunion, Guyane, Calanques, etc.) couvrent aussi bien des zones de montagnes que des forêts primaires et des bords de mer : environ 2 500 espèces de vertébrés et 9 070 d'invertébrés y ont été recensées. Ces parcs abritent aussi plus de 8 330 espèces végétales, dont de très nombreuses plantes à fleurs, des conifères et des fougères.

Cette incroyable biodiversité reste néanmoins fragile. La France se place ainsi au 8e rang mondial concernant le nombre d'espèces menacées. Un classement lié à la présence des hommes mais aussi aux menaces climatiques pesant sur certaines zones du littoral méditerranéen et dans les territoires d'outre-mer.

SYMPA !

Dans les années 1990, les hommes ont réintroduit les loups dans le parc du Mercantour (Alpes) et les ours bruns dans les montagnes pyrénéennes.

EN VO

Une forêt « primaire » se développe naturellement ; une forêt « artificielle » est plantée par l'homme, comme celle des Landes au XIXe siècle.

TOUT EN CHIFFRES

- **20 %** des espèces vertébrées sont menacées
- **340** réserves naturelles
- **1 881** espèces protégées en métropole
- **5 500** espèces végétales dans le parc amazonien (Guyane)

- **36 680** communes
- **1982 :** début de la décentralisation
- **4/5e** de citadins

De la campagne à la ville

La France a longtemps été considérée comme un pays très rural. Au début du XIXe siècle, 4 personnes sur 10 travaillaient dans le monde agricole ! Mais, à partir des années 1850, avec la révolution industrielle, de nombreuses familles quittent les campagnes pour trouver du travail dans les villes. En 2016, on estime à 80 % les Français vivant dans les agglomérations – un chiffre qui atteint même 95 % sur l'île de La Réunion et dans les Antilles !

Pourtant, la population reste assez bien répartie à l'intérieur du pays. À partir des années 1980, les grandes villes de province ont pris plus d'importance. Le développement du réseau autoroutier et l'apparition des trains à grande vitesse (TGV) ont ainsi « rapproché » les principales agglomérations.

En revanche, la France des villages est en train de disparaître lentement. Depuis 50 ans, plus de 4 000 petites communes se sont agrandies ou ont fusionné entre elles. Près de 1 000 villages ont été ainsi effacés de la carte !

LE DÉTAIL QUI TUE

30 000 communes comptent moins de 2 000 habitants ; les autres concentrent 80 % de la population !

EN VO

Le terme « rurbain » désigne les familles qui ont quitté la campagne pour s'installer à la lisière des grandes villes.

ZOOM

DÉPARTEMENTS LES PLUS RURAUX

- **Guyane** (3 hab/km²)
- **Lozère** (15 hab/km²)
- **Creuse** (22 hab/km²)
- **Alpes-de-Haute-Provence** (23 hab/km²)

Depuis 1945, la France a connu un véritable exode rural. 4 Français sur 5 sont aujourd'hui des citadins. Mais depuis quelques années, on assiste à un retour de nombreuses familles dans des zones dites rurales.

DUR !

Situé en Aquitaine, le département de la Creuse est le plus «vieux» de France : 1 personne sur 3 a plus de 60 ans!

HALLUCINANT !

Avec 26827 hab/km², Levallois-Perret est la commune de France la plus densément peuplée.

Hautes-Alpes (24 hab/km²)

Cantal (25 hab/km²)

Haute-Marne (29 hab/km²)

MARRANT !

Dans la Drôme (en Auvergne Rhône-Alpes), le petit village de Rochefourchat est le moins peuplé de France... avec un seul et unique habitant!

- **66,6 millions** d'habitants
- **population** métissée
- **croissance** démographique stable

Qui sont les Français ?

Début 2016, la France comptait 66,6 millions d'habitants, dont environ 4 millions de nationalité étrangère. Terre d'accueil, le pays est composé d'une population aux origines très variées depuis la seconde moitié du XIXe siècle. Avec la révolution industrielle sont arrivés les premiers immigrés de Belgique et d'Italie.

La reconstruction du pays après 1945 et la décolonisation ont entraîné l'arrivée de centaines de milliers d'hommes venus d'Europe, d'Afrique du Nord ou d'Afrique de l'Ouest. À partir des années 1950, les femmes et les enfants de ces travailleurs les ont progressivement rejoints. Née en France, la génération suivante est devenue française par le « droit du sol ».

En 1998, pour évoquer le métissage de la jeunesse française après la victoire de la France à la Coupe du monde de football, on a parlé de génération « black blanc beurre ». Les statisticiens estiment que 1 Français sur 4 a, aujourd'hui, au moins un grand-parent originaire d'un autre pays.

EN VO

Par le « droit du sol », un enfant né en France de parents étrangers obtient la nationalité française à 18 ans.

SÉQUENCE ÉMOTION

En 2015, la France a enregistré 79 130 demandes d'asile (contre 1,09 million en Allemagne).

TOUT EN CHIFFRES

- **4 %** environ nombre de Français de moins de 20 ans et de plus de 60 ans
- **50,4 %** Français de sexe masculin à la naissance
- **3 %** Français vivant dans les territoires d'outre-mer
- **78,9 ans** espérance de vie des hommes en France

En Europe, la France est le 2e pays le plus peuplé (après l'Allemagne). Et si sa population a tendance à vieillir, elle reste l'une des plus jeunes du continent.

LE DÉTAIL QUI TUE

Étudiants ou salariés, ils sont 1,7 million de Français à vivre à l'étranger !

MARRANT !

Selon les pays, les Français sont vus comme arrogants, chics, mangeurs de grenouille, cultivés, donneurs de leçon, romantiques, épris de liberté...

85 ans
espérance de vie des femmes en France

118 hab/km²
densité assez faible

122 ans
âge de Jeanne Calment à sa mort en 1997

LA CLASSE !

Avec une moyenne de 2 naissances par femme, la croissance démographique est beaucoup plus forte en France que dans la majorité des autres pays d'Europe.

- **sigle :** RF (République française)
- **fête nationale :** 14 juillet
- **symbole :** Marianne
- **hymne :** *La Marseillaise*

La patrie des droits de l'homme

« Liberté, égalité, fraternité »

Adoptée en août 1789, la Déclaration des droits de l'homme et du citoyen est l'un des textes fondamentaux de la Révolution française : en 17 articles, elle renverse la monarchie en déclarant « naturels, inaliénables et sacrés » bon nombre de droits. Avec ce texte, la France invente un nouveau régime politique, la démocratie, qui donne le pouvoir au peuple !

Cet engagement pour la liberté offre à la France une place majeure sur l'échiquier politique mondial. Paris devient synonyme de « paix » et c'est dans la capitale que sont signés, entre autres, le traité mettant un terme à la guerre hispano-américaine de 1898, les accords mettant fin à la guerre du Vietnam en 1973 et ceux aux combats en ex-Yougoslavie en 1995.

Aujourd'hui encore, la France dispose de l'un des plus importants réseaux diplomatiques au monde. Membre du conseil de sécurité de l'ONU, sa voix continue de porter… que ce soit pour s'opposer à la guerre en Irak (2003) ou pour combattre au Mali (2013).

EN VO

Article 1er de la Déclaration : « Les hommes naissent et demeurent libres et égaux en droits. Les distinctions sociales ne peuvent être fondées que sur l'utilité commune. »

LA CLASSE !

Peint par Eugène Delacroix, le tableau *La Liberté guidant le peuple* (1830) représente souvent la République française.

CHRONO EXPRESS

- **1751** : publication du 1er volume de l'*Encyclopédie* de Diderot et d'Alembert
- **1789** : Déclaration des droits de l'homme et du citoyen
- **1848** : abolition de l'esclavage en France
- **1948** : adoption à l'ONU de la Déclaration universelle des droits de l'homme

La figure de Marianne est à la fois le symbole de la liberté et de la République. Son buste est disposé dans toutes les mairies de France et son visage figure sur les timbres et les pièces de monnaie.

LA HAINE !

Olympe de Gouges rédige dès 1791 une Déclaration des droits de la femme et de la citoyenne, mais il faudra attendre 1944 pour que les Françaises obtiennent le droit de vote !

RESPECT !

La rédaction de la Déclaration des droits de l'homme et du citoyen de 1789 est en partie inspirée de la Déclaration d'indépendance des États-Unis de 1776…

1981 abolition de la peine de mort en France

1999 Prix Nobel de la Paix pour Médecins sans frontières

2003 discours à l'ONU contre la guerre en Irak

LE **DÉTAIL** QUI TUE

Si la France est la patrie des droits de l'homme, elle est aussi l'un des cinq marchands d'armes au monde.

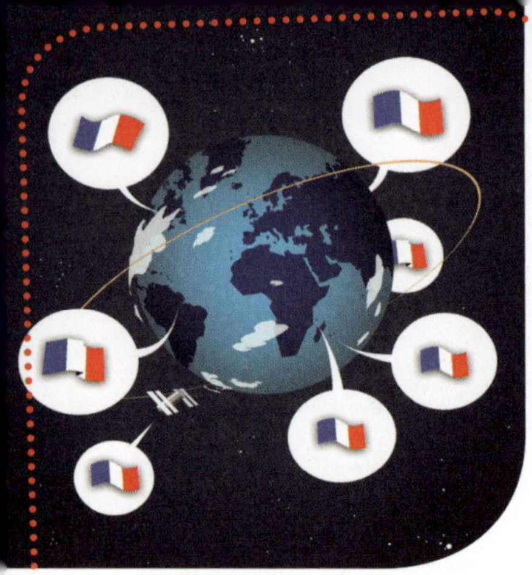

- langue **romane**
- langue officielle de **29 États** dans le monde
- **30000 mots** (français usuel)

Une langue très parlée

Comme de nombreuses langues en Europe, le français est une langue romane. Au Moyen Âge, elle est divisée en langue d'oïl, parlée dans le nord du pays, et langue d'oc, parlée dans le sud. Ce n'est finalement qu'en 1539 que le français devient la langue officielle de l'ensemble du royaume de France.

Le français est la langue maternelle de plus de 80 millions de personnes, et l'on estime à 274 millions le nombre de francophones dans le monde. On parle français en Belgique, en Suisse, dans une partie du Canada, en Afrique du Nord et de l'Ouest. La langue varie selon les régions et les pays. L'argot et le verlan ont laissé place au langage SMS : car le français, oral et écrit, reste une langue vivante qui ne cesse d'évoluer et d'inventer de nouveaux mots.

AH BON ?

Le 1er texte rédigé en français serait les Serments de Strasbourg qui marque l'alliance entre deux fils de Charlemagne en 842.

LA CLASSE !

Au Canada, les habitants de la province de Québec refusent toute utilisation de mots anglais : *week-end* se dit «fin de semaine».

ZOOM

MOTS ÉTRANGERS INTÉGRÉS AU FRANÇAIS

anglais
skateboard, match, hamburger

allemand
bunker, kitsch, Plexiglas

arabe
méchoui, médina, oued

espagnol
féria, matador, poncho

japonais
bonzaï, kamikaze, karaté

Une exception culturelle

- **rayonnement** international
- **1400 festivals** de musique par an ; **2 500 musées**
- plus grand **festival de cinéma** au monde (Cannes)

SYMPA !

Environ 260 films sont produits chaque année en France. Le pays est le 2e exportateur mondial de longs-métrages, derrière les États-Unis !

LA CLASSE !

Chanel, Dior, Saint Laurent, Lacroix ou Gaultier : la France est synonyme de haute couture !

Beaux-arts et gastronomie, philosophie et mode, poésie, cinéma et littérature (15 prix Nobel français !), la France a longtemps été – et demeure pour beaucoup – une référence planétaire ! Déjà, au XVIIIe siècle, Diderot, Montesquieu et Rousseau bouleversent le monde des idées, des arts et du savoir. Au XXe siècle, Sartre et Camus « prolongent » cette petite voix différente de la France. Ils perpétuent l'esprit des Lumières…

La culture a ainsi toujours occupé une place à part en France. Aujourd'hui encore, l'État participe à ce que l'on appelle « l'exception culturelle » en donnant la possibilité aux créateurs de trouver des financements pour soutenir leurs projets dans le cinéma, la télévision ou la musique. La diversité des festivals témoigne chaque année de cette incroyable richesse culturelle.

ZOOM MANIFESTATIONS CULTURELLES NATIONALES

- mars : Printemps des poètes
- mars : Nuit des musées
- 21 juin : Fête de la musique
- fin juin-début juillet : Fête du cinéma
- septembre : Journées du patrimoine

- **statut :** départements, régions et collectivités d'outre-mer
- **population :** 2,65 millions d'habitants (2012)
- **superficie :** 119 394 km²

LA CLASSE !

Grâce à ces territoires, la France dispose du 2e plus important domaine maritime au monde (derrière les États-Unis).

LA HAINE !

Entre 1966 et 1996, les autorités françaises ont réalisé 193 essais nucléaires dans les atolls de Mururoa et Fangataufa, en Polynésie française.

La France d'outre-mer

Des confettis sur les océans !

Principalement formés d'îles et d'archipels, les territoires d'outre-mer (dits DROM-COM) sont dispersés aux quatre coins de la planète : La Réunion, Mayotte et les Terres australes françaises dans l'océan Indien ; la Nouvelle-Calédonie et la Polynésie française dans l'océan Pacifique ; Saint-Pierre-et-Miquelon et les Antilles dans l'océan Atlantique. La France est ainsi le seul pays au monde à disposer de territoires sur les trois grands océans du globe ! La Guyane, elle, est située en Amérique du Sud, et la Terre-Adélie sur le continent Antarctique.

Les DROM-COM sont composés des territoires sous l'autorité politique française situés hors de l'Europe. Derniers vestiges de l'ancien empire colonial, ils font aujourd'hui partie intégrante du patrimoine. Ils ont ainsi donné à la France certains de ses plus grands poètes, tel Aimé Césaire.

Mais derrière les paysages de rêve des plages antillaises ou des lagons polynésiens vit une population parfois confrontée à des conditions de vie difficiles.

ZOOM

SITES À DÉCOUVRIR

- Nouvelle-Calédonie Centre culturel Tjibaou
- Martinique Espace muséal Aimé Césaire
- Guyane Centre Spatial Guyanais
- Réunion Piton de la Fournaise

Cultures de bananes et d'ananas en Martinique et en Guadeloupe, production de nickel en Nouvelle-Calédonie, exploitation de bois en Guyane, pêche à Saint-Pierre-et-Miquelon, l'outre-mer est aussi un véritable atout économique pour la France.

EN VO

En 2003, les DOM-TOM (départements d'outre-mer et territoires d'outre-mer) sont devenus les DROM-COM (départements et régions d'outre-mer et Collectivités d'outre-mer).

SYMPA !

C'est dans les environs de Kourou, en Guyane, que se trouvent les rampes de lancement de la fusée européenne Ariane.

HALLUCINANT !

Chaque semaine, un bateau quitte la Guadeloupe ou la Martinique pour l'Europe : à son bord, 5000 tonnes de fruits, dont 27 millions de bananes !

archipel
des Kerguelen
Mont Ross

Guadeloupe
Baie de
Marie-Galante

Tahiti
Atoll de
Rangiroa

- **13 régions** au 1er janvier 2016
- **découpage** politique
- de **nouveaux noms** à venir

De grandes régions

La métropole divisée en 13

Sous les Francs, le pays était déjà partagé en de vastes régions géographiques et politiques, comme la Bourgogne, l'Aquitaine, ou l'Auvergne. Ces territoires étaient gouvernés par de grandes familles qui prêtaient allégeance au roi de France. Mais à la Révolution, la France se réinvente et l'on décide de la découper en départements.

La notion de «région administrative» voit le jour, elle, en 1963. Plus hautes divisions territoriales, les régions sont elles-mêmes divisées en départements puis en communes. Dans le cadre de la loi sur la décentralisation, depuis le 1er janvier 2016, la France est passée de 22 à 13 régions métropolitaines.

Validé en 2015, ce nouveau découpage a créé la polémique... Mais en élargissant leurs frontières, ces régions ont aujourd'hui la possibilité de devenir plus puissantes, d'un point de vue économique ou politique. Il ne reste plus aux élus qu'à leur trouver un nom...

EN VO

Du latin *regio*, le mot «région» signifie «pays» au XIIe siècle. Il désigne aujourd'hui un territoire dont l'étendue dépend du relief, du climat ou de valeurs culturelles ou économiques.

MARRANT !

Un «millefeuille territorial»! Voilà à quoi ressemble la France avec plus de 36 000 communes, 95 départements et 13 régions en métropole.

CHRONO EXPRESS

- **1790** naissance des 83 départements
- **1871** territoire de l'Alsace-Lorraine cédé à l'Empire allemand
- **1918** restitution de l'Alsace-Lorraine à la France
- **1963** création de 21 régions adminis-tratives
- **1982** nouvelle loi créant 22 régions
- **2016** dernier découpag en 13 région

Lille
6
Caen
Rouen
7
1
Strasbourg
8
Paris
11
Rennes
12
Orléans
10
Nantes
4
Dijon
Lyon
3
2
Bordeaux
5
13
Marseille
Toulouse
9
Ajaccio
1. Alsace Champagne-Ardenne Lorraine
2. Aquitaine Limousin Poitou-Charentes
3. Auvergne Rhône-Alpes
4. Bourgogne Franche-Comté
5. Languedoc-Roussillon Midi-Pyrénées
6. Nord-Pas-de-Calais Picardie
7. Normandie
8. Bretagne
9. Corse
10. Centre Val-de-Loire
11. Île-de-France
12. Pays de la Loire
13. Provence-Alpes-Côte d'Azur

Alsace Champagne-Ardenne Lorraine

Les frontières de l'Est

- **situation :** Nord-Est
- **capitale** : Strasbourg
- **population :** 5,5 millions d'habitants
- **superficie :** 57 433 km²

Composée de dix départements, cette vaste région de l'Est de la France est frontalière avec la Belgique, le Luxembourg, l'Allemagne et la Suisse. Zones stratégiques, l'Alsace et la Lorraine ont été tantôt françaises tantôt allemandes, au gré des victoires militaires jusqu'à la Seconde Guerre mondiale.

Nombre des habitants de la région sont des « frontaliers » qui partent chaque jour travailler dans les pays voisins. Ce territoire a toujours été un lieu d'échanges : déjà au Moyen Âge, on venait de toute l'Europe acheter et vendre ses produits dans les foires de Champagne, à Provins ou à Troyes.

Si la Champagne s'est enrichie grâce à ses vins effervescents, la Lorraine s'est, elle, développée avec la sidérurgie et la métallurgie. Les Vosges et le Jura ont exploité leurs vastes forêts pour produire du bois. Et loin des conflits d'hier, elle abrite désormais l'une des capitales européennes, Strasbourg.

SYMPA !

Créé en 1961, le Festival mondial des théâtres de marionnettes de Charleville-Mézières est le plus important dédié à cet art vivant !

LA CLASSE !

Le marché de Noël, avec ses petits chalets et son vin chaud, est une tradition venue d'Allemagne. Celui de Strasbourg a lieu depuis 450 ans !

ZOOM

LA RÉGION EN 7 LIEUX

- cathédrale de Reims
- place Ducale à Charleville-Mézières
- place Stanislas à Nancy
- château fort de Sedan

Depuis 2007, la ligne TGV-EST accélère les déplacements dans la région. Autour de son Centre Pompidou, Metz a créé le quartier de l'Amphithéâtre et Strasbourg sera bientôt à moins de 2 heures de Paris.

SÉQUENCE **ÉMOTION**

Symbole de l'Alsace, la cigogne avait quasiment disparu en 1974. Grâce à un programme de réintroduction, on recense aujourd'hui 600 couples dans la région !

MALIN !

Dans les années 1960, des lacs-réservoirs artificiels ont été créés dans l'Aube et en Haute-Marne afin de limiter les risques de grandes crues… à Paris (comme en 1910 !).

DUR !

En 1916, la bataille de Verdun, en Lorraine, fit près de 710 000 morts, blessés ou disparus en 10 mois ! Ce fut l'une des batailles les plus longues de l'histoire.

- mémorial de Verdun
- cité de l'Automobile à Mulhouse
- Le Haut-Kœnigsbourg

- **situation :** Sud-Ouest
- **capitale :** Bordeaux
- **population :** 5,8 millions d'habitants
- **superficie :** 84 036 km^2

Aquitaine Limousin Poitou-Charentes

La plus grande !

De l'océan Atlantique aux contreforts des volcans d'Auvergne, des plaines des Charentes aux sommets pyrénéens, la région qui réunit l'Aquitaine, le Limousin et le Poitou-Charentes est désormais la plus vaste de France !

C'est une terre de contrastes : à la fois très agricole et tournée vers le tourisme, l'industrie et la technologie. En Aquitaine, Bordeaux est célèbre pour ses vignobles alentour. La capitale girondine est aussi un pôle important pour l'aéronautique et l'aérospatiale. Plus au nord, le Limousin, l'un des territoires les moins peuplés de métropole, est surtout connu pour sa production de pommes et ses élevages de vaches (la race limousine). Le Poitou-Charentes voisin est lui tourné vers la culture des céréales et du tournesol et celles de la mer, la pêche et l'aquaculture.

La diversité des paysages offre tant de possibilités au sein de cette région que les amateurs de sensations peuvent, dans un même week-end, surfer sur l'Atlantique et skier dans les Pyrénées !

HALLUCINANT !

Transporté par le vent, le sable de la dune du Pilat vient des Pyrénées… et du massif Central !

LA STAR

Dédié aux nouvelles technologies, le Futuroscope, près de Poitiers, est l'un des plus importants parcs de loisirs en France.

ZOOM

LA RÉGION EN 7 LIEUX

- **Marais poitevin**
- **Collonges-la-Rouge**
- **îles de Ré, d'Oléron et d'Aix**
- **juridiction de Saint-Émilion**

SYMPA !

Les meilleurs spots de surf de métropole se trouvent sur la côte landaise. Une épreuve du championnat du monde est organisée chaque année à Hossegor.

AH BON ?

Angoulême accueille chaque année en janvier le Festival international de la bande dessinée. Un passage incontournable pour les dessinateurs du monde entier !

L'Aquitaine Limousin Poitou-Charentes est réputée pour ses vignobles autour de Bordeaux et des environs de Cognac, sa viande (limousine), ses fromages de chèvre, ses pommes et ses huîtres du bassin de Marennes-Oléron.

- phare de Cordouan
- village martyr d'Oradour-sur-Glane
- tours du port de La Rochelle

RESPECT !

C'est à Rochefort, en Charente-Maritime, qu'a été construite l'exacte réplique de *L'Hermione*, le bateau à bord duquel le marquis de La Fayette rejoignit l'Amérique en 1780 !

- **situation :** Centre
- **capitale :** Lyon
- **population :** 7,7 millions d'habitants
- **superficie :** 69711 km²

Auvergne Rhône-Alpes

Volcans, fleuve et hauts sommets

La vallée du Rhône a longtemps servi de frontière naturelle entre l'Auvergne et la région Rhône-Alpes. Fortes de leurs différences, elles sont marquées chacune par une grande tradition industrielle. Lyon s'est enrichi avec le textile et la chimie, Clermont-Ferrand avec le caoutchouc, Grenoble avec l'hydroélectricité et Saint-Étienne avec les mines et l'armement.

La crise a finalement touché l'Auvergne, entraînant le départ d'un grand nombre d'hommes vers la capitale, tandis que la vallée du Rhône a continué de se développer et d'accroître son influence. C'est aujourd'hui la deuxième région la plus peuplée, juste derrière l'Île-de-France.

Terre d'industries, elle est aussi terre d'histoire et de culture. C'est depuis Clermont-Ferrand que le pape Urbain II lança la première croisade en 1095. C'est au Puy-en-Velay que débute le plus célèbre chemin de Compostelle, le premier itinéraire culturel européen classé au patrimoine mondial de l'Unesco.

MIAM !

Bleu d'Auvergne, cantal, saint-nectaire, fourme d'Ambert : sur le grand plateau de fromages de la France, l'Auvergne joue une place centrale !

LA CLASSE !

La région a accueilli les jeux Olympiques d'hiver en 1924 à Chamonix, en 1968 à Grenoble et en 1992 à Albertville.

ZOOM

LA RÉGION EN 7 LIEUX

- puy de Dôme
- Le Puy-en-Velay
- lac d'Annecy
- mer de Glace, dans les Alpes

Avec ses volcans et ses sommets à plus de 4000 mètres d'altitude, la région Auvergne Rhône-Alpes offre certains des plus beaux paysages de France!

LA STAR

Malgré sa défaite en finale de la Coupe d'Europe en 1976, l'équipe de Saint-Étienne a défilé devant des milliers de personnes sur les Champs-Élysées!

LE DÉTAIL QUI TUE

D'après les spécialistes, les volcans du Massif central sont susceptibles de se réveiller... La dernière éruption aurait eu lieu il y a 8500 ans!

- grotte Chauvet
- gorges de l'Ardèche
- massif du Vercors, haut lieu de la Résistance en 1939-1945

SÉQUENCE ÉMOTION

Vercingétorix a repoussé les armées de César sur le site de Gergovie (au sud de Clermont) avant de perdre la bataille d'Alésia.

- **situation :** Est
- **capitale :** Dijon
- **population :** 2,8 millions d'habitants
- **superficie :** 47784 km²

Bourgogne Franche-Comté
La plus industrielle !

Le duché de Bourgogne intégrait déjà au Moyen Âge la Franche-Comté. Terre d'influence et de pouvoir, ce territoire a longtemps constitué un enjeu majeur entre le royaume de France et l'empire des Habsbourg.

Entre le Bassin parisien, le Massif central et la frontière suisse, la Bourgogne Franche-Comté s'impose aujourd'hui comme la plus industrielle de toutes les régions. Spécialisée dans la production automobile, le papier et la sidérurgie, elle est aussi réputée pour ses vignobles, ses fromages d'alpage et sa viande (charolais).

Située sur la « route des vacances », entre Paris et la Côte d'Azur, la Bourgogne reste un lieu de passage et de commerce. L'ancienne route nationale 7 chantée par Charles Trenet traverse les plaines et les plateaux, les vignobles et les bocages. Plus à l'est, la Franche-Comté est surtout appréciée pour ses doux reliefs, son art de la précision – des jouets de bois aux mécanismes des montres – et ses stations de ski de fond...

QUEL TALENT !

Débutée en 1997, la construction du château de Guédelon est uniquement réalisée selon les techniques et avec les matériaux utilisés au Moyen Âge !

MALIN !

L'hiver, pour tromper l'ennui et la neige, les paysans jurassiens fabriquaient de petits objets : lunettes, jouets en bois, pièces mécaniques...

ZOOM

LA RÉGION EN 7 LIEUX

- **hospices de Beaune**
- **musée archéologique de Bibracte**
- **abbayes de Cluny et de Cîteaux**
- **basilique de Vézelay**

Haut de 22 m, le Lion de Belfort, dû au sculpteur Bartholdi, l'auteur de la statue de la Liberté à New York, est la plus grande statue de pierre de France.

LA CLASSE !

En 2015, 7 des 10 vins les plus chers au monde étaient produits en Bourgogne ! Le plus renommé s'appelle le romanée-conti.

AH BON ?

Situé à Sochaux-Montbéliard, le site historique de Peugeot compte toujours plus de 10 000 salariés. C'est le plus important site industriel automobile de France !

château médiéval de Guédelon

cascade du Saut du Doubs

musée Peugeot de Sochaux

LA HAINE

Les Séquanes, une tribu gauloise de la région, auraient demandé à César de les défendre contre les Helvètes (Suisses), entraînant la conquête de la Gaule par les Romains...

- **situation :** Sud
- **capitale :** Toulouse
- **population :** 5,6 millions d'habitants
- **superficie :** 72 724 km²

Languedoc-Roussillon Midi-Pyrénées

La géante du Sud

Coincé entre la grande Aquitaine et la région PACA, le Languedoc-Roussillon Midi-Pyrénées est la deuxième plus grande région de métropole par sa superficie. Elle descend depuis le Massif central jusqu'aux Pyrénées et englobe une partie du littoral méditerranéen.

Longtemps, la région a été marquée par de nombreux conflits : ceux des comtes de Toulouse au XIIe siècle, ou la croisade des Albigeois au siècle suivant où l'Église catholique entra en guerre contre les Cathares. Les nombreux châteaux forts du pays rappellent ces périodes mouvementées.

Au fil des siècles, la région s'est développée autour de la production de fruits et légumes, l'élevage des volailles ou la culture de la vigne. Au XXe siècle, de nombreuses industries tournées vers l'aéronautique (Airbus), l'aérospatiale (CNES), la chimie ou la pharmacie se sont installées à Toulouse et à Montpellier.

MOTIVÉ !

À Sète, les enfants sont initiés dès l'âge de 3 ans aux joutes nautiques. La plus prestigieuse de ces compétitions est organisée à la mi-août.

SYMPA !

Chaque année, fin mai, la transhumance des vaches aubrac sur le plateau du même nom attire près de 20 000 curieux !

ZOOM

LA RÉGION EN 7 LIEUX

- châteaux du pays cathare
- cité d'Albi
- pic du Midi de Bigorre
- viaduc de Millau

Languedoc-Roussillon et Midi-Pyrénées partagent une histoire, une culture et une langue, l'occitan – et le catalan dans les Pyrénées-Orientales. Près de 60 000 élèves de la région sont ainsi inscrits à des cours d'occitan ou de catalan.

AH **BON ?**

Plus que des châteaux, Aguilar, Peyrepertuse et Quéribus sont de véritables forteresses édifiées au XIIIe siècle en pays cathare.

LE **DÉTAIL** QUI TUE

Toulouse est la capitale de l'Airbus. À la création de l'A380, on a élargi des routes pour transporter les ailes de l'avion géant !

cirque de Gavarnie

canal du Midi

pont du Gard

MARRANT !

D'Artagnan a vraiment existé ! Il est né en Gascogne (dans le département actuel du Gers). La vie du mousquetaire a inspiré un roman à Alexandre Dumas.

Nord-Pas-de-Calais Picardie

Chez les Ch'tis

- **situation :** Nord
- **capitale :** Lille
- **population :** 5,9 millions d'habitants
- **superficie :** 31 814 km²

Située tout au nord de l'Hexagone, la région du Nord-Pas-de-Calais Picardie est l'une des plus peuplées… et des plus petites de France. Ouverte sur la Manche et la mer du Nord, elle fait la transition entre la Région parisienne et le Nord de l'Europe.

Des hautes falaises crayeuses de la Côte d'Opale aux beffrois dominant les cités, le Nord Pas-de-Calais Picardie décline ses différences derrière une histoire souvent marquée par le labeur et la dureté.

Avant de connaître la crise, la région a eu une période de grande richesse avec l'industrialisation du XIXe siècle. Elle est l'un des berceaux de l'exploitation du charbon, de la production de papier et de verre et du commerce du textile. Aujourd'hui encore, ses paysages restent marqués par cette histoire : les gigantesques usines de brique rouge et les anciens terrils de charbon semblent tout droit sortis de *Germinal*, le célèbre roman de Zola.

EN VO

On appelle les gens du Nord des « Ch'tis » qui, en patois picard, veut dire « celui » ou « ceux ».

MIAM !

Avec sa très forte odeur et sa couleur orange, le maroilles est le plus emblématique fromage de la région.

ZOOM – LA RÉGION EN 7 LIEUX

- baie de Somme
- palais de Compiègne
- caps Blanc-Nez et Gris-Nez
- la Piscine de Roubaix, musée d'art et d'industrie

Chaque carnaval de la région possède ses propres géants : de grands mannequins pouvant mesurer jusqu'à 9 mètres de haut et peser jusqu'à 350 kg. Ceux de Douai et de Cassel sont inscrits au patrimoine de l'Unesco.

RESPECT !

En 2009, Le Louvre a créé un musée à Lens à quelques mètres du stade de football de Bollaert.

MARRANT !

Emblématiques du Nord, les carillons des beffrois jouent des airs différents... de l'opéra *Les Puritains* (Bellini) à la berceuse *Dors, min p'tit quinquin !*

HALLUCINANT !

Avec 20 millions d'entrées, le film *Bienvenue chez les Ch'tis* (2008) réalisé par Dany Boon est le plus grand succès de l'histoire du cinéma français !

- musée du Louvre-Lens
- Grand-Place d'Arras
- cathédrale Notre-Dame d'Amiens

- **situation :** Nord-Ouest
- **capitales :** Rouen et Caen
- **population :** 3,3 millions d'habitants
- **superficie :** 29 906 km^2

Normandie

Une ancienne terre de Vikings

Dès le xe siècle, les Vikings s'installent sur ces terres et fondent le duché de Normandie. Onze siècles plus tard, les frontières de la région suivent quasiment celles dessinées par Guillaume le Conquérant !

La région est délimitée, au nord, par de vertigineuses falaises de calcaire et, au sud, par des collines humides et de vastes bocages, où paissent les normandes, de jolies vaches blanches tachetées de brun. Au cœur des prairies, la Seine traverse la partie nord du territoire jusqu'à son embouchure, dans la Manche.

Si la Normandie a une véritable tradition agricole – on y produit du beurre et de nombreux fromages dont le célèbre camembert –, c'est aussi là que sont installées les plus importantes raffineries de France. Comme un contraste avec l'intérieur des terres où les villages arborent toujours leurs jolies façades à colombages.

LA HAINE !

Prisonnière des Anglais, Jeanne d'Arc n'a que 19 ans lorsqu'elle est jugée et brûlée en 1431 à Rouen. La ville est alors anglaise.

DUR !

Considérée comme la « merveille de l'Occident », le Mont Saint-Michel a pourtant servi de prison sous l'Ancien Régime et après la Révolution française...

ZOOM

LA RÉGION EN 7 LIEUX

- Mont Saint-Michel
- ville de Honfleur
- falaises d'Étretat
- plages du Débarquement

LA CLASSE !

Avec ses falaises de craie et ses ciels infinis, la Normandie a inspiré de très nombreux peintres (Monet, Renoir, Pissarro, etc.) qui y ont inventé l'impressionnisme.

SÉQUENCE ÉMOTION

Le 6 juin 1944, c'est le «Jour J» : le débarquement et le parachutage des troupes alliées sur les plages de Normandie.

D'un côté, la modernité du pont de Tancarville et de la ville du Havre ; de l'autre, la tradition des anciennes maisons à colombages, des haras où sont élevés les plus beaux pur-sang du pays et la silhouette unique du Mont Saint-Michel...

MALIN !

À la Cité de la Mer, on peut visiter *Le Redoutable*, le tout premier sous-marin français lancé en 1967.

- cathédrale de Rouen
- maison du peintre Claude Monet, à Giverny
- haras du Pin

- **situation :** Ouest
- **capitale :** Rennes
- **population :** 3,2 millions d'habitants
- **superficie :** 27 208 km^2

Bretagne

Une péninsule sur l'Atlantique

Avec ses mégalithes, ses légendes médiévales et ses anciens corsaires, la Bretagne est une région historique. Marquée par le peuplement celtique durant l'Antiquité, elle a longtemps été indépendante, ne rejoignant le royaume de France qu'en 1491.

La Bretagne forme une péninsule qui avance vers l'océan Atlantique. Certaines petites localités comme Le Guilvinec, Erquy ou Saint-Guénolé figurent parmi les ports de pêche les plus importants de France. Mais la région n'est pas seulement côtière : en son cœur se trouve le Massif armoricain, de vastes plateaux et la forêt de Brocéliande.

La Bretagne a développé une importante activité agricole : elle est ainsi la première région laitière. Elle fournit également un quart de la viande française. Aujourd'hui tournée vers la production automobile, la construction navale et les nouvelles technologies, la région reste néanmoins fidèle à ses traditions : la langue bretonne, la voile et les fest-noz !

LE DÉTAIL QUI TUE

La Bretagne comprend 797 îlots et îles mais seulement 11 d'entre eux sont habités !

HALLUCINANT !

Avec près de 3000 mégalithes, Carnac abrite la plus importante concentration de menhirs au monde !

ZOOM

LA RÉGION EN 7 LIEUX

- **Côte de Granit rose**
- **remparts de Saint-Malo**
- **forêt de Brocéliande**
- **phare de l'île Vierge**

LA HAINE !

D'après la légende, c'est dans la forêt de Brocéliande que Merlin fut ensorcelé par la fée Viviane après avoir poussé les chevaliers de la Table ronde à partir en quête du Saint-Graal !

LA STAR

Anne de Bretagne a connu une vie digne d'un roman : duchesse à 11 ans, reine à 15 ans, maman à 16 ans, veuve à 21 ans, elle meurt à 37 ans !

Terre de traditions, la Bretagne a une identité forte. Il y a moins d'un siècle, le Breton était parlé par 90 % de la population. Interdite à l'école entre 1897 et 1951, la langue a failli disparaître... avant de renaître !

AH BON ?

Si Astérix et Obélix vivent en Armorique, l'ancien nom de la Bretagne, la grande figure bretonne de la BD est une petite servante du nom de Bécassine...

- îles de la mer d'Iroise
- pointe du Raz
- menhirs de Carnac

- **situation :** île méditerranéenne
- **capitale :** Ajaccio
- **population :** 320 208 habitants
- **superficie :** 8 680 km²

Corse

L'île-région

Quatrième plus grande île de la Méditerranée, la Corse est située entre la métropole et l'Italie. S'étirant sur 184 km du nord au sud et culminant à 2 706 m d'altitude, l'île a un profil très montagneux. Plus d'une centaine de sommets dépassent ainsi les 2 000 m !

La Corse a fait partie de la République de Gênes pendant près de quatre siècles avant d'être rattachée à la France. C'est sur l'île que fut rédigée la première Constitution démocratique de l'histoire moderne (1755) initiée par le célèbre général corse Pascal Paoli. Au fil des siècles, de nombreux îliens n'ont cessé de revendiquer leur indépendance. Terre de lutte et terre d'accueil, la Corse a longtemps caché ses dissidents et ses bandits au cœur du maquis.

Composée aujourd'hui de deux départements (Haute-Corse et Corse-du-Sud), la région la moins peuplée de France connaît toujours de vives tensions entre souverainistes et nationalistes. Mais la résistance par les armes a laissé place à la construction d'un pouvoir politique...

LA STAR

Natif d'Ajaccio, le jeune Bonaparte passe ses dix premières années en Corse. 25 ans après avoir rejoint la métropole, il est sacré empereur des Français !

EN VO

Depuis 2002, l'apprentissage de la langue corse est obligatoire dans les écoles maternelles et élémentaires de l'île.

ZOOM

LA RÉGION EN 7 LIEUX

- **calanques de Piana**
- **réserve de Scandola**
- **plage de Saleccia**
- **falaises de Bonifacio**

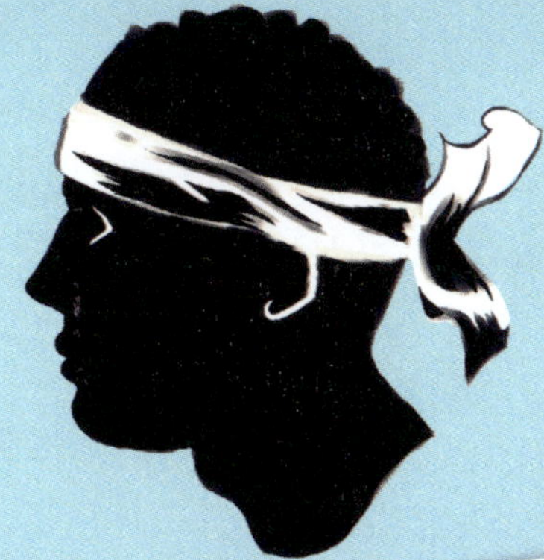

LA **CLASSE !**

Vieilles de 5000 ans, les statues-menhirs de Filitosa n'ont été découvertes qu'au xxe siècle. Avec leurs armes et parures, elles ont longtemps été vénérées par les îliens.

Des falaises de Bonifacio aux plages de Palombaggia, des aiguilles de Bavella à la citadelle de Calvi, le tourisme reste la première activité en Corse.

AH **BON ?**

La Corse a pour emblème une tête de Maure : elle représente à la fois l'ennemi vaincu et la possibilité pour les Corses de regarder leur avenir en face...

MALIN !

À l'époque des Génois, chaque famille corse devait planter tous les ans 4 châtaigniers. Cet arbre a longtemps permis aux paysans de ne pas mourir de faim.

citadelle de Calvi

vieille ville de Sartène

aiguilles de Bavella

- **situation :** Centre
- **capitale :** Orléans
- **population :** 2,5 millions d'habitants
- **superficie :** 39 150 km²

Centre Val-de-Loire

Un héritage de la Renaissance

Composé de l'Orléanais, du Berry et de la Touraine, le Centre Val-de-Loire est aujourd'hui une grande région assez peu peuplée. Seules deux villes, Tours et Orléans, ont une population supérieure à 100 000 habitants. Terre de pouvoir, c'est pourtant depuis leurs châteaux situés sur les bords de la Loire que les rois ont régné sur toute la France entre les XVe et XVIIe siècles.

Si la moitié de la population vit et travaille toujours à proximité de son fleuve emblématique, le Centre Val-de-Loire est surtout devenu grâce à l'exploitation de ses vastes plaines et plateaux depuis le siècle dernier la première région céréalière de France et d'Europe !

Classée au patrimoine mondial de l'Unesco, une partie de la vallée de la Loire constitue aussi – et surtout – aujourd'hui une importante destination touristique. Avec Chambord, Chenonceau ou Amboise, elle abrite certains des plus beaux châteaux Renaissance de France.

MARRANT !

C'est le château de Cheverny qui a inspiré Hergé pour Moulinsart, la célèbre propriété du capitaine Haddock.

AH BON ?

Il y a du pétrole dans le département du Loiret ! Chaque jour, 80 puits donnent 750 barils.

ZOOM

LA RÉGION EN 7 LIEUX

- cathédrale de Chartres
- jardins de Villandry
- Le Clos Lucé, à Amboise, dernière demeure du peintre Léonard de Vinci
- château de Chambord

Avec plus de 600 km de pistes cyclables, la région Centre Val-de-Loire offre d'infinies possibilités de découverte autour de ses châteaux Renaissance et de leurs jardins.

LE DÉTAIL QUI TUE

Enjambant le Cher, la galerie du château de Chenonceau permettait aux résistants de passer en «zone libre» durant la Seconde Guerre mondiale.

LA STAR

Avec 115000 plants de fleurs et de légumes, les jardins à la française du château de Villandry sont considérés comme les plus beaux de France!

château de Chenonceau

château de Blois

cathédrale de Bourges

SYMPA !

Depuis 1977, le Printemps de Bourges s'est imposé comme l'un des festivals les plus populaires de France en mêlant de jeunes groupes inconnus aux grandes stars de la musique.

- **situation :** environs de Paris
- **capitale :** Paris
- **population :** 12 millions d'habitants
- **superficie :** 12012 km²

Île-de-France

Une capitale, des forêts et des champs

Selon les historiens, l'Île-de-France, qui s'étire tout autour de Paris, serait «le cœur et le berceau» du pays. Elle s'est développé au xe siècle sous Hugues Capet. Elle est aujourd'hui la plus peuplée et la plus riche mais aussi, avec ses 12000 km², l'une des plus petites régions de France.

L'Île-de-France est composée de plateaux agricoles, de vallées et d'un fleuve qui la parcourt d'est en ouest : la Seine. Celle-ci reste un axe majeur de transports et le port de Gennevilliers, situé à 5 km de Paris, est le deuxième port fluvial européen.

Paris abrite les lieux de pouvoirs, exécutif et législatif, et la majorité des sièges des grandes entreprises françaises sont installés aux environs de la capitale. Deux aéroports internationaux et plusieurs gares TGV voient ainsi passer des dizaines de millions de personnes chaque année. Demain, la région sera peut-être transformée en un «Grand Paris», une ville tentaculaire!

EN VO

Le nom d'«Île-de-France» serait celui donné autrefois à la bande de terre délimitée, telle une île, par la Seine, l'Oise et la Loire.

LA CLASSE !

Avec la tour Eiffel, le Louvre, le château de Versailles. et Disneyland-Paris, l'Île-de-France est la première destination touristique mondiale!

ZOOM

LA RÉGION EN 7 LIEUX

- **forêt de Fontainebleau**
- **château de Versailles**
- **basilique de Saint-Denis**
- **musée Albert-Kahn**

L'Île-de-France est composée de Paris (la capitale) et de 7 départements : 3 forment ce qu'on appelle la « petite couronne » – Hauts-de-Seine, Seine-Saint-Denis et Val-de-Marne – et 4 la « grande couronne » – Yvelines, Val d'Oise, Seine-et-Marne et Essonne.

MARRANT !

Les immeubles de verre et d'acier de la Défense ne doivent pas dépasser la hauteur de la tour Eiffel, mais de futurs projets comptent bien rivaliser avec elle !

LE **DÉTAIL** QUI TUE

Si elle est très urbanisée, l'Île-de-France compte aussi 4 parcs naturels régionaux, 4 réserves naturelles nationales et 11 réserves naturelles régionales !

- château de Vaux-le-Vicomte
- ancienne chocolaterie Menier à Noisiel
- cité médiévale de Provins

AH **BON** ?

Les terres fertiles de la Beauce commencent aux portes de Paris : l'Essonne et les Yvelines font partie du « grenier à blé » de la France.

- **situation :** Ouest
- **capitale :** Nantes
- **population :** 3,6 millions d'habitants
- **superficie :** 32 082 km²

Pays de la Loire

Une région dynamique

Plus long fleuve de France, la Loire (1 013 km) est le trait d'union qui s'étend entre la Normandie et l'océan Atlantique. Les Pays de la Loire sont principalement composés de plaines et de bas plateaux qui descendent jusque dans la vallée.

Par sa géographie et son histoire, la partie située à l'ouest de la région (Loire-Atlantique) reste très proche de la Bretagne voisine. Anne de Bretagne est d'ailleurs née et a grandi à Nantes. La région est profondément marquée par la guerre de Vendée (1793-1796) qui opposa les partisans de la Révolution aux familles soutenant la royauté, et provoqua la mort de 200 000 civils et militaires !

Reconnus pour leur qualité de vie et leur dynamisme économique, les Pays de la Loire connaissent depuis les années 2000 le plus fort taux d'emploi de l'ensemble des régions françaises. À côté de la production de nombreux fruits et légumes, l'industrie s'est particulièrement développée : aéronautique, chantiers navals mais aussi électronique et informatique...

LE DÉTAIL QUI TUE

Le champignon de Paris porte mal son nom... 70 % de sa production provient aujourd'hui des environs de Saumur.

HALLUCINANT !

Lors de l'édition 1988 de la mythique course des 24 h du Mans, une voiture prototype a atteint la vitesse de 405 km/h !

ZOOM

LA RÉGION EN 7 LIEUX

- château d'Angers, dit aussi des « ducs d'Anjou »
- abbaye de Fontevraud
- plage de la Baule
- parc d'attraction du Puy-du-Fou

Depuis de nombreuses années, les Pays de la Loire sont vantés pour leur qualité de vie : à Nantes, à Angers ou sur l'île d'Yeu, la région attire toujours plus de touristes.

RESPECT !

Au départ des Sables-d'Olonne, tous les quatre ans, le Vendée Globe est une incroyable course à la voile en solitaire autour du monde, sans escale ni assistance !

AH BON ?

Le parc du Puy-du-Fou évoque l'histoire de la Vendée : Vikings, cavaliers et troubadours se succèdent dans d'incroyables spectacles !

- maisons troglodytes des environs de Saumur
- îles de Noirmoutier et d'Yeu
- marais salants de Guérande

MOTIVÉS !

Depuis 1955, certains des plus luxueux paquebots au monde (*Normandie*, *France*, *Queen Mary 2*) ont été construits dans les chantiers navals de Saint-Nazaire.

- **situation :** Sud-Est
- **capitale :** Marseille
- **population :** 4,9 millions d'habitants
- **superficie :** 31 400 km²

Provence-Alpes-Côte

Une terre ensoleillée

La région s'étend des Alpes du Sud à la vallée du Rhône et descend jusqu'à la Méditerranée. Elle est synonyme de pins, d'oliviers et de champs de lavande – autant de parfums naturels qui se retrouvent en flacon !

La Provence évoque le soleil et le chant des cigales. Elle offre à la France certains de ses plus beaux cols, ses plus hauts sommets (mont Blanc) et des îles encore préservées (Porquerolles, St-Honorat, Port-Cros). Très urbanisée le long de sa côte, la région abrite deux des principales villes de la métropole : Marseille et Nice.

Dynamique, riche de sites de haute technologie (Sophia Antipolis), la région cultive ses décors de carte postale. C'est là que Van Gogh a peint ses bouquets de tournesols, Cézanne la montagne Sainte-Victoire, et que Picasso a réalisé ses premières céramiques. Nombre de stars du cinéma y ont élu domicile : elles portent leurs lunettes de soleil à Saint-Tropez et ont leur festival à Cannes !

MIAM !

Les amateurs de poisson ne peuvent quitter Marseille sans avoir goûté son plat traditionnel : la bouillabaisse !

HALLUCINANT !

Si le mistral atteint facilement la force 10 (plus de 100 km/h) à Marseille, le mont Ventoux a enregistré en 1967 une pointe à 320 km/h !

ZOOM

LA RÉGION EN 7 LIEUX

- mont Ventoux
- Plateau de Valensole
- île de Porquerolles
- massif de l'Esterel

d'Azur

Des plages de sable blanc aux stations de ski alpin, des arènes antiques au stade Vélodrome, la région de Provence-Alpes-Côte d'Azur est une gigantesque carte postale !

MOTIVÉS !

Marseille accueille chaque année le plus important tournoi de pétanque au monde : plus de 10 000 joueurs se défient pendant 5 jours !

LA STAR

Le Festival de Cannes est le plus grand événement cinématographique au monde. Toutes les stars du 7e art ont monté un jour les marches de son palais.

LA CLASSE !

D'abord spécialisée dans le tannage du cuir, la ville de Grasse est devenue à partir du XVIIe siècle la capitale mondiale du parfum.

- parc national du Mercantour
- cap d'Antibes
- villages perchés : Gordes, Peillon, Sainte-Agnès

- **fondation :** Ier siècle av. J.-C.
- **population :** 2 254 262 habitants
- **site :** tour Eiffel
- **événement :** arrivée du Tour de France

Paris
Capitale !

Le plan de Paris ressemble à un escargot : en partant du centre historique, ses 20 arrondissements se déroulent comme une coquille en colimaçon. Longtemps, Paris s'est concentré autour de l'île de la Cité. À travers les siècles, la ville s'est agrandie pour accueillir une population toujours plus nombreuse (25 000 habitants en 1180, 500 000 en 1680 et 2,25 millions en 2011).

En 1860, les quartiers de Belleville, la Villette, Grenelle et Vaugirard sont intégrés à Paris. Haussmann est à l'œuvre, c'est la dernière grande transformation de la ville !

Aujourd'hui encore, d'un quartier à l'autre, le rythme, les attitudes, les tenues vestimentaires changent. Montmartre continue d'attirer les artistes pendant que les banquiers font leurs affaires près de l'Opéra et des Champs-Élysées. La mode s'imagine dans le Marais et le Quartier latin rassemble toujours les étudiants, les écrivains et les intellectuels...

EN VO

Les Champs-Élysées tiennent leur nom de la région des Enfers, le royaume des morts, où les héros se reposent éternellement.

AH BON ?

À proximité de la Bastille, le port de plaisance de l'Arsenal accueille près de 1 500 bateaux par an.

CHRONO EXPRESS

- **52 av. J.-C.** bataille de Lutèce
- **508** capitale de Clovis
- **845** siège de Paris par les Vikings
- **1789** prise de la Bastille

Avec plus de 32 millions de visiteurs par an, Paris s'impose depuis de nombreuses années comme la première destination touristique au monde, devant Londres.

BIEN DIT !

Paris n'est jumelé qu'avec Rome. Les deux villes partagent une même devise : «Seule Paris est digne de Rome, seule Rome est digne de Paris!»

HALLUCINANT !

La tour Eiffel a des petites sœurs aux quatre coins du monde : à Prague (République tchèque), à Tokyo (Japon), à Las Vegas (États-Unis), à Shenzhen (Chine).

1853 début des travaux haussmanniens

1910 crue record de la Seine (8,62 m sous le pont d'Austerlitz)

1944 libération de Paris

MARRANT !

Le quotidien régional *Le Parisien* s'était amusé de l'arrogance des Parisiens dans une publicité : «Le Parisien, il vaut mieux l'avoir en journal!»

- **fondation :** 600 av. J.-C.
- **population :** 855393 habitants
- **site :** Notre-Dame-de-la-Garde, dite la « Bonne Mère »
- **emblème :** Olympique de Marseille (OM)

Marseille

Une porte sur la Méditerranée

Sous la protection de la « Bonne Mère », la ville de Marseille est à la fois inclassable, frénétique, ensoleillée, chaleureuse et mystérieuse. Plus vieille cité de France, elle a été fondée par les Grecs en 600 av. J. C. Connue sous le nom de Massalia, elle figure notamment dans les écrits de l'empereur César. Port de commerce depuis l'Antiquité, la ville a développé une importante tradition d'ouverture et d'accueil.

Aujourd'hui encore, Marseille rassemble de très nombreuses communautés venues d'Afrique (Algérie, Comores, etc.). Le centre-ville a ainsi conservé son côté populaire et une véritable mixité sociale. Fiers de leur identité, les Marseillais se retrouvent le week-end autour des allées du stade Vélodrome – le stade de l'OM. Si les habitants sont passionnés de foot – et de pêche en mer ! –, ils se tournent aussi depuis quelques années vers la culture.

AH BON ?

Avec 240 km², Marseille est la ville la plus étendue de France. Elle se classe en 2e position pour le nombre d'habitants, juste derrière la capitale.

RESPECT !

Les familles et de pêcheurs offrent des maquettes de bateaux et des tableaux à Notre-Dame-de-la-Garde pour la remercier de sa protection.

CHRONO EXPRESS

- **49** av. J.-C. : siège de la ville par l'armée romaine
- **1720** : grande peste noire
- **1864** : construction de la basilique Notre-Dame-de-la-Garde
- **2013** : capitale européenne de la culture
- **2017** : capitale européenne du sport

Lyon
La cité des Lumières

- **fondation :** 43 av. J.-C.
- **population :** 500 715 habitants
- **site :** Notre-Dame de Fourvière
- **événement :** Fête des Lumières (décembre)

Depuis sa fondation, l'ancienne capitale des Gaules est un important carrefour économique. Située sur la route menant de Paris à Marseille, au bord de la Saône et du Rhône, elle attire dès le xve siècle dans ses vastes foires des marchands venus de toute l'Europe. Les superbes demeures et les palais du Vieux-Lyon témoignent de cette richesse passée mais aussi de son influence religieuse d'alors : Clément V y est élu pape en 1305 !

Plus tard, Lyon profite de la révolution industrielle pour s'agrandir. L'essor du textile et ses célèbres « canuts » (ouvriers de la soie), l'invention du cinéma par les frères Lumière, le développement de l'automobile, puis l'arrivée des industries de la chimie continuent de transformer la ville. Depuis les hauteurs de la colline de Fourvière jusqu'aux berges du Rhône, Lyon est aujourd'hui la 3e ville de France !

MALIN !

Le personnage de Guignol est né à Lyon vers 1808. Il a été imaginé par Laurent Mourguet, un arracheur de dents qui cherchait à distraire ses patients !

MIAM !

Les « bouchons » de Lyon sont des restaurants bon marché où l'on vient manger de la cervelle, des tripes ou des pieds de cochon...

CHRONO EXPRESS

- **97** : destruction de la ville
- **1310** : rattachement au royaume de France
- **1792** : fronde contre-révolutionnaire
- **1942** : capitale de la Résistance
- **1998** : classement au patrimoine de l'Unesco

Toulouse
Ville rose

- **fondation :** 3e s. av. J.-C.
- **population :** 458 298 habitants
- **site :** Capitole
- **événement :** fête de la Violette (février)

BIEN DIT !

Natif de Toulouse, le chanteur Claude Nougaro a écrit un véritable hymne d'amour à sa ville : *« Ici, même les mémés aiment la castagne… »*

LA CLASSE !

À la Cité de l'Espace, on peut découvrir des répliques grandeur nature de la fusée Ariane, d'un vaisseau Soyouz et même de la station Mir.

Toulouse a eu plusieurs vies ! Les Romains y font le commerce du vin avant que la ville ne devienne un important centre du christianisme ; elle est ensuite capitale sous les Wisigoths avant de passer sous la domination des Francs. Plus tard, sous les comtes de Toulouse, elle devient occitane. Gravée sur la place du Capitole, la croix du Languedoc rappelle ce passé et cette forte identité.

Des ruelles étroites du centre-ville aux berges de la Garonne, les bâtiments se démarquent par leurs délicates briques roses. À l'ombre de la basilique Saint-Sernin et de la cathédrale de Saint-Étienne, la ville fourmille d'étudiants et d'ingénieurs, ceux-là mêmes qui ont travaillé sur les avions de l'Aéropostale, le Concorde ou l'A380. Ville d'histoire et de religion – elle est sur le chemin de Saint-Jacques de Compostelle –, Toulouse est tournée vers le ciel !

CHRONO EXPRESS

- **412** fondation du premier « royaume barbare » (wisigoth)
- **864** échec du siège de la ville par les Normands
- **1096** dédicace de la basilique Saint-Sernin
- **1875** crue de la Garonne : 1 200 maisons détruites
- **2001** explosion de l'usine chimique AZF

Nice

Sous le soleil de la Côte d'Azur

- **fondation :** IVe s. av. J.-C.
- **population :** 346 251 habitants
- **site :** promenade des Anglais
- **événement :** Carnaval (février)

Au pied de la colline du château, le Vieux-Nice cache son histoire à l'abri de petites ruelles étroites. L'ocre, le rose et le rouge des façades baroques des maisons évoquent toujours le passé et l'influence de l'italie voisine. Car la ville a longtemps résisté à la France, choisissant d'abord de rejoindre les États de Savoie puis le royaume de Sardaigne.

Située au bord de la Méditerranée, Nice se transforme véritablement en cité balnéaire dans la seconde moitié du XIXe siècle. La ville accueille alors de riches touristes venus de Russie et d'Angleterre. Ces derniers donnent son nom à la célèbre « promenade des Anglais » qui borde la longue plage de galets. D'imposantes villas et des palais dotés de riches jardins dominent alors la ville. Et de prestigieux artistes, dont les peintres Chagall et Matisse, viennent y chercher l'inspiration…

SYMPA !

Avec ses parades de chars et ses batailles de fleurs, le Carnaval de Nice est chaque année, en février, l'un des plus festifs de France.

AH BON ?

Depuis 1861, un coup de canon retentit à midi au-dessus de la ville. Son origine remonte à la demande d'un lord écossais fatigué d'attendre sa femme à l'heure du déjeuner !

CHRONO EXPRESS

- **314** christianisation de la ville
- **1108** proclamation de son indépendance
- **1419** Nice devient savoyarde
- **1860** rattachement à la France
- **1887** important tremblement de terre

Nantes
La cité des ducs

- **fondation :** 1er s. av. J.-C.
- **population :** 292718 habitants
- **site :** château des ducs de Bretagne
- **événement :** Folle Journée (fin janv./début fév.)

HALLUCINANT !

C'est à Nantes que la compagnie Royal de Luxe crée ses marionnettes géantes et des spectacles réunissant cascadeurs, ferrailleurs et poètes.

LA CLASSE !

Construit en 1896 et classé monument historique, le trois-mâts *Belem* est basé dans le port de Nantes… lorsqu'il ne navigue pas sur les mers du monde!

Fondée autour d'un chapelet d'îles, la cité de Nantes se développe au confluent de la Loire et de ses affluents. À proximité de l'océan Atlantique, elle est alors considérée comme la « Venise de l'Ouest ». Au XVIIIe siècle, son port devient une plaque tournante de la traite négrière : les esclaves sont acheminés d'Afrique avant d'être envoyés et vendus aux Antilles contre des caisses de sucre, de coton ou de café. Ce commerce odieux métamorphose et enrichit la ville.

Après s'être développée autour de la construction navale, la métallurgie et la production de savons et de biscuits (le célèbre petit-beurre), Nantes s'est tournée vers les arts et la technologie. L'ancienne capitale de la Bretagne est devenue l'une des villes les plus agréables de France. Originaire de la région, l'écrivain Julien Gracq la comparait à une sirène…

CHRONO EXPRESS

- **1213** capitale du duché de Bretagne
- **1532** rattachement au royaume de France
- **1716** début de la traite des Noirs (port de Nantes)
- **1966** création du port autonome de Nantes-Saint-Nazaire
- **2013** élue « capitale verte de l'Europe »

Strasbourg

Capitale de l'Europe

- **fondation :** - 12 av. J.-C.
- **population :** 274 394 habitants
- **site :** cathédrale Notre-Dame
- **événement :** marché de Noël

SYMPA !

Conçue au XVIe siècle, l'horloge astronomique de la cathédrale Notre-Dame est capable de calculer les éclipses lunaires et solaires !

LA CLASSE !

Né à Strasbourg, le dessinateur Tomi Ungerer, auteur des *Trois Brigands*, a un musée entièrement consacré à ses œuvres.

Située à la frontière allemande, Strasbourg est plus qu'un carrefour au cœur de l'Europe, elle en est l'une des capitales. Entre les mondes latin et germanique, c'est ici que se dresse le Parlement européen où sont votées les lois impliquant les 28 pays membres de l'Union.

Non loin des buildings à l'architecture contemporaine construits ces dernières années dans le quartier des institutions européennes, les petites maisons à colombages du quartier de la Petite France sont autant de témoignages de la richesse de la ville au Moyen Âge. Sur la grande île entourée par les eaux de l'Ill, le centre médiéval évoque ainsi les terres flamandes. Les canaux remplacent ici les ruelles et les vélos se substituent aux voitures. Cité tournée vers l'écologie, Strasbourg a interdit une partie de son centre-ville aux véhicules motorisés !

CHRONO EXPRESS

- **1015** début de la construction de la cathédrale
- **1870** rattachement à l'Allemagne
- **1918** la ville redevient française
- **1949** abrite le siège du Conseil de l'Europe
- **1988** classement du centre historique au patrimoine de l'Unesco

- **fondation :** Xe siècle
- **population :** 272 084 habitants
- **site :** place de la Comédie
- **événement :** fête de Saint-Roch (août)

Montpellier

Entre garrigue et mer

C'est au cœur du Languedoc, sur une colline dominant la Méditerranée, qu'a été fondée la cité de Montpellier. Surnommé « L'Écusson », son centre historique a conservé sa forme d'origine évoquant un ancien écu. Ses ruelles étroites sont toujours bordées d'hôtels particuliers construits aux XVII e et XVIIIe siècles, mais de larges boulevards ont remplacé l'imposante enceinte d'autrefois.

Montpellier s'est agrandi et réinventé au XXe siècle avec l'architecture tout en courbes de l'Espagnol Ricardo Bofill ou du Français Christian de Portzamparc. L'Opéra du Corum répond désormais à l'Arc de Triomphe, le quartier d'Antigone au centre historique. Ville d'art et d'histoire, Montpellier est aussi tourné vers les sciences. Depuis des siècles, sa faculté de médecine est l'une des plus réputées de France. Rabelais, l'auteur de *Pantagruel*, y avait déjà reçu son diplôme de docteur...

RESPECT !

Né à Montpellier vers 1350, saint Roch renonce à sa fortune pour prendre l'habit de pèlerin. Il est canonisé au XVIIe siècle !

LA STAR

Dès 1685, Montpellier rend hommage au roi Louis XIV en érigeant en son point le plus élevé, une place, un arc de triomphe et une statue à sa gloire.

CHRONO EXPRESS

- **1204** Montpellier devient aragonaise
- **1622** siège de la ville par Louis XIII
- **1857** rénovation de la ville avec les Grands Travaux Lazard
- **1979** construction du quartier d'Antigone
- **2000** ouverture de la 1re ligne de tramway

- **fondation :** Ier siècle av. J.-C.
- **population :** 241 287 habitants
- **site :** miroir d'eau
- **emblème :** vignobles

HALLUCINANT !

Gigantesque bunker, la base sous-marine construite par les Allemands en 1941 est aujourd'hui un lieu de concerts et d'art contemporain !

RESPECT !

Connu pour sa culture humaniste et ses célèbres *Essais*, Montaigne fut le maire de la ville entre 1581 et 1585.

Bordeaux

Au nom du vin

Bordeaux, c'est d'abord une ville qui a donné son nom aux vins les plus célèbres du monde. Plus qu'une ville, c'est un terroir. Sur les bords de la Garonne, son port a longtemps fait partie des plus importants de France, ne serait-ce que pour exporter les tonneaux de vin dans le monde entier !

Redessinée au XVIIIe siècle, la ville surprend par son horizontalité. À côté de la place de la Bourse, symbole du commerce, les larges façades aux pierres blondes des anciens négociants apportent une véritable harmonie au paysage urbain. Un aspect retrouvé lors de récents travaux car, entre les XIXe et XXe siècles, Bordeaux était considérée comme une « ville noire » du fait de sa saleté. Entre les vignobles, la pinède et, plus loin, les plages de l'Atlantique, Bordeaux s'est transformée : elle est aujourd'hui cosmopolite, vivante et riante.

CHRONO EXPRESS

- **1032** capitale de la grande Aquitaine
- **1348** population décimée par la peste noire
- **1452** entrée des Anglais dans la ville
- **1940** capitale par intérim de la France
- **2007** classement au patrimoine mondial de l'Unesco

- **fondation :** 1066
- **population :** 228652 habitants
- **site :** Grand-Place
- **événement :** braderie (septembre)

Lille

La Nordique

Aux portes de la Belgique, Lille est un véritable carrefour au sein de l'Europe du Nord. Lors de sa fondation au XIe siècle, la cité est située entre deux petits bras de rivière qui lui donnent son nom : « Isla » (Île). Si la plupart de ses anciens canaux ont été recouverts, la métropole abrite toujours le troisième port fluvial de France.

Durant mille ans, Lille est successivement flamande, bourguignonne, espagnole puis française. Avec la métallurgie, la chimie et surtout le textile, la ville s'impose parmi les grandes métropoles industrielles du XIXe siècle. Éprouvée par les crises économiques successives, Lille s'endort avant de retrouver une certaine vitalité dans les années 1990 : les outils industriels laissent aujourd'hui place au secteur tertiaire et à la culture. Avec le Thalys, le carrefour de l'Europe du Nord n'est plus qu'à une heure de Paris !

BIEN DIT !

Sous les ordres de Louis XIV, l'architecte Vauban édifie sa toute première enceinte fortifiée à Lille.

HALLUCINANT !

Chaque 1er week-end de septembre, lors de la Grande Braderie annuelle, on consomme plus de 400 tonnes de moules et 30 tonnes de frites !

CHRONO EXPRESS

- **1066** : 1re mention officielle de Lille
- **1213** : la ville est incendiée par Philippe Auguste
- **1667** : Louis XIV reçoit les clés de la ville
- **1846** : ligne de chemin de fer reliant Paris
- **2004** : capitale européenne de la culture

Rennes
Bretonne

- **fondation :** Ier siècle av. J.-C.
- **population :** 209 860 habitants
- **site :** palais du Parlement
- **événement :** Trans Musicales (décembre)

Située au centre de la Bretagne, Rennes symbolise l'esprit d'indépendance du peuple breton. Au xe siècle, déjà, la ville résistait aux invasions normandes. Capitale historique et administrative de la région, la cité est dotée de son propre parlement. Malgré un gigantesque incendie qui détruisit près de 900 maisons en 1720, la ville abrite toujours de superbes demeures à pans de bois ou à colombages, dont certaines datent du xve siècle.

Ce patrimoine médiéval contraste avec le côté moderne de la métropole. Car Rennes est une ville universitaire, particulièrement dynamique et joyeuse. Une ville qui possède deux cœurs : en semaine, la place du Parlement; le week-end, la place des Lices où la population entière se retrouve autour de son marché historique.

AH BON ?

En 1899, suite au célèbre « J'accuse… ! » de Zola, c'est à Rennes que se tient le tribunal qui doit réviser le procès du capitaine Dreyfus.

DUR !

Édifié au xviie siècle, le palais du Parlement de Bretagne a été ravagé par un incendie en 1994. Il a fallu près de 5 ans pour le restaurer !

CHRONO EXPRESS

- **1532** rattachement de la Bretagne à la France
- **1675** révolte du papier timbré (les « bonnets rouges »)
- **1720** grand incendie de la ville
- **1857** arrivée du chemin de fer
- **1999** réouverture du palais du Parlement de Bretagne restauré

- **fondation :** Ier siècle av. J.-C.
- **population :** 181 893 habitants
- **site :** cathédrale Notre-Dame
- **emblème :** Champagne

Reims
La ville du Champagne

Cité gauloise, Reims s'est développée sous l'autorité romaine. Autour du IIe siècle, elle est déjà l'une des plus importantes cités du Nord du pays. Certains vestiges comme la porte de Mars rappellent cette richesse passée. Plus tard, le clergé investit la ville : de Clovis à Charles X, les rois sont ainsi sacrés au cœur de sa cathédrale Notre-Dame ! La puissance de Reims est alors à son apogée !

En partie détruite au cours de la Première Guerre mondiale, Reims est considérée comme « ville martyre ». Les belles demeures construites par les riches industriels du textile et par les grandes familles de viticulteurs cachent aujourd'hui un incroyable trésor : les caves de champagne, parfois longues de plusieurs kilomètres, abritent des centaines de milliers de bouteilles à quelque 40 mètres sous terre.

DUR !

Au Moyen Âge, le Champagne était connu sous le nom de « vin du diable » ou « saute-bouchon » car certaines de ses bouteilles explosaient en cave !

LA CLASSE !

Avec ses écoles de pilotage, ses meetings aériens et ses records de vols, Reims est l'une des capitales de l'aviation en France depuis plus d'un siècle !

CHRONO EXPRESS

- **290** : fondation de l'évêché
- **496** : baptême du roi Clovis
- **1211** : pose de la 1re pierre de la cathédrale
- **1882** : naissance du Syndicat du commerce des vins de Champagne
- **1917** : évacuation de la ville sous les bombardements allemands

- **fondation :** 1517
- **population :** 173 142 habitants
- **site :** port de commerce
- **événement :** départ de la Transat Jacques Vabre

Le Havre

Le béton et la mer

Fondée par la volonté de François Ier sur d'anciens marais, la ville du Havre est d'abord un port. Rapidement, ce dernier devient le point de départ depuis la Normandie du commerce avec l'Amérique et l'Afrique. La pêche à la morue à Terre-Neuve puis l'importation du coton et du café enrichissent les capitaines et les armateurs de la ville.

Entièrement rasée durant les bombardements anglo-américains de la Seconde Guerre mondiale, Le Havre est devenu un lieu d'expérimentation architecturale. Considéré comme « le poète du béton », l'architecte Auguste Perret a reconstruit une grande partie de la ville, dans un style moderne et dépouillé. Si certains la considèrent très austère, elle séduit de nombreux visiteurs. Les bâtiments du centre-ville ont été classés au patrimoine mondial de l'Unesco comme « témoignage de l'architecture et de l'urbanisme de l'après-guerre ».

BIEN DIT !

« Paris, Rouen et Le Havre sont une seule et même ville dont la Seine est la grand-rue » lance en 1802 Napoléon.

DUR !

Lors des bombardements de 1944, plus de 10 000 bâtiments ont été détruits en quelques jours tandis que 5 000 personnes trouvaient la mort.

CHRONO EXPRESS

- **1626** construction de la forteresse
- **1779** départ de La Fayette pour l'Amérique
- **1872** fondation du HAC, 1er club de football français
- **1946** reconstruction de la ville par Auguste Perret
- **2005** classement au patrimoine mondial de l'Unesco

- **lieux :** Aquitaine, Bourgogne, Champagne, Corse, Loire, Provence, Rhône, Alsace.
- **origine :** antiquité grecque, Gaule romaine
- **superficie :** 755 000 hectares (soit 700 000 terrains de foot)

AH BON ?

En 1960, chaque Français (adulte) buvait en moyenne 140 litres de vin par an ! En 2015, il n'en consomme « plus » que 50 litres par an.

LE DÉTAIL QUI TUE

Le Champagne est un vin effervescent : ses bulles contiennent du gaz carbonique, le fameux CO_2 qui réchauffe la planète !

Les vignobles
Uniques au monde

À l'exception du Nord, toutes les régions de France possèdent une longue tradition de culture du vin. Du Languedoc à la Bourgogne, de la Loire au Bordelais, les vignobles font partie intégrante des paysages. Pourtant, aucun ne se ressemble ! Chacun se différencie par son terroir (type de sol), ses cépages (variétés de raisins) ou ses techniques de vinification. Mais depuis le XIXe siècle, les plus prestigieux demeurent en Bourgogne et dans le Bordelais.

Dans le Bordelais, le classement des célèbres premiers crus remonte à 1855. Forte de 38 appellations différentes, la production est essentiellement composée de vins rouges. Qu'ils soient situés dans le Médoc, le Sauternais ou à Margaux, les terroirs portent toujours le nom du propriétaire.

En Bourgogne, on recense 34 grands crus et 562 premiers crus – avec une majorité de vins blancs. Bien plus petits que dans le Bordelais, les terroirs sont souvent délimités par des murets : quelques pierres pour cacher de grands trésors !

ZOOM
LES GRANDS VIGNOBLES

- Languedoc-Roussillon ($2\,460$ km^2)
- Bordelais ($1\,126$ km^2)
- Vallée du Rhône (704 km^2)
- Vallée de la Loire (624 km^2)

LA HAINE !

L'ensemble des vignobles français (et européens) a failli disparaître à la fin du XIXe siècle à cause d'un minuscule puceron nommé phylloxéra !

Partout en France, c'est en septembre que commencent les vendanges. Certains vins sont à consommer immédiatement comme le beaujolais nouveau, d'autres, comme certains Bordeaux, peuvent se garder en cave plus de 20 ans !

HALLUCINANT !

Avec 3420 vins différents regroupés en 460 appellations et indications, la France reste le 1er producteur et le 3e exportateur de vin au monde !

Sud-Ouest (500 km²)

Champagne (340 km²)

Bourgogne (287 km²)

MIAM !

Chaque année, c'est à minuit pile, le 3e jeudi de novembre, que l'on ouvre partout dans le monde les premières bouteilles de beaujolais nouveau !

Le canal du Midi

«La route du silence»

- **lieu :** Midi-Pyrénées
- **réalisation :** 1667-1681
- **longueur :** 240 km
- **particularité :** 350 ouvrages d'art

On dirait un simple cours d'eau mais, avec ses 350 ponts, aqueducs et écluses, le canal du Midi est l'un des ouvrages d'art les plus sophistiqués jamais réalisés en France. Imaginé par Pierre Paul Riquet, un fermier général qui sut convaincre Louis XIV, il fut creusé pour faciliter le commerce et le transport des hommes et des marchandises. Près de 12 000 ouvriers et paysans participent à sa réalisation durant 14 longues années.

Alimenté par le lac de Saint-Ferréol, au sud-est de Toulouse, son trajet, long de 240 km, est le même depuis 300 ans. Il est toujours emprunté par les plaisanciers qui le descendent ou le remontent à la vitesse de l'escargot. De chaque côté du canal, les cyclistes et les randonneurs profitent aujourd'hui des chemins de halage qui permettaient autrefois aux chevaux de tirer les embarcations.

HALLUCINANT !

Le canal du Midi et le canal de la Garonne forment le canal des Deux-Mers : une immense voie d'eau qui rejoint l'océan Atlantique depuis la Méditerranée.

AH BON ?

Vauban, le grand architecte militaire de Louis XIV, prétendait qu'il aurait échangé la création du canal contre toutes ses enceintes fortifiées…

ZOOM – AUTRES CANAUX

- canal de Bourgogne, entre l'Yonne et la Saône
- canal du Nord, et son tunnel souterrain à Ruyaulcourt (Pas-de-Calais)
- canal de l'Ourcq, à Paris
- canal des Vosges, entre la Meuse et la Moselle
- canal de Briare, l'un des plus anciens

- **lieu :** Marseille-Cassis
- **superficie :** 5000 hectares
- **roche :** calcaire

Les calanques
Le jardin aquatique des Marseillais

C'est à la fois le paradis des randonneurs, des plaisanciers et des plongeurs ! Entre Marseille et Cassis, le massif des calanques est l'un des 10 parcs nationaux français. Taillée, érodée par la mer et le vent depuis des millions d'années, cette côte minérale est aujourd'hui le jardin aquatique des Marseillais où les plus chanceux possèdent de petits cabanons (d'anciennes maisonnettes de pêcheurs).

Sur la côte méditerranéenne, les calanques de roche calcaire, plus blanche que la lune, sont composées de falaises, de crêtes, de criques et de grottes dans lesquelles coule une eau turquoise. Dans cet univers aride et minéral cohabitent l'une des plus grandes chauves-souris d'Europe, le molosse de Cestoni, des couleuvres et des lézards, des goélands et des cormorans. Un monde sauvage à seulement quelques kilomètres du centre de Marseille.

EN VO

Calanque : « En Provence, crique étroite et allongée, aux parois rocheuses escarpées. »

SYMPA !

Avec une moyenne inférieure à 400 mm par an, le massif des calanques est l'un des sites où il pleut le moins en France.

ZOOM

LES PLUS BELLES CALANQUES

- Callelongue et son petit port de pêche
- Sormiou, la plus vaste des calanques
- En-Vau et sa plage de sable blanc
- Morgiou et ses peintures rupestres
- Sugiton et ses deux criques

Le mont Blanc
Le sommet de l'Europe

- **lieu :** Alpes
- **naissance :** 35 millions d'années
- **altitude :** 4810 m
- **particularité :** grande diversité de formes glaciaires

C'est autant un sommet qu'un mythe ! Plus haute montagne d'Europe, le mont Blanc culmine à 4810 m d'altitude. Depuis la vallée de Chamonix, on regarde le géant, on en fait le tour, on tente de l'escalader. Dans un décor fait de glaciers, de neiges éternelles, d'aiguilles, et même d'une mer de Glace la chaîne du Mont-Blanc domine toutes les Alpes du nord.

C'est en 1786, trois ans avant la Révolution, que Jacques Balmat et Michel Gabriel Paccard réalisent, les premiers, l'ascension du mont Blanc. À leur suite, des touristes anglais et des scientifiques investissent la vallée. Le site se développe par la volonté de Napoléon III, qui y fait construire une route, puis avec l'arrivée du train. La grande bourgeoisie s'y retrouve et s'initie au ski. Sous les flancs du mont Blanc, Chamonix organise en 1924 les premiers jeux Olympiques d'hiver...

BIEN DIT !

Premier à être installé en 1924, le téléphérique des Glaciers était appelé « le chemin de fer aérien » !

LE DÉTAIL QUI TUE

L'altitude varie selon le vent et les précipitations : mesuré à 4807 m depuis 1863, le sommet atteint aujourd'hui 4810 m par GPS.

ZOOM
SOMMET DES AUTRES MASSIFS

- **3298 m** pic Vignemale, Pyrénées
- **1886 m** puy de Sancy, Massif central
- **1720 m** crêt de la Neige, Jura
- **1424 m** Grand-Ballon, Vosges
- **416 m** mont des Avaloirs, Massif armoricain

Le pic du Midi

La tête dans les étoiles

- **lieu :** Pyrénées
- **altitude :** 2877 m
- **roche :** schiste et calcaire
- **particularité :** observatoire

Sentinelle des Pyrénées, le pic du Midi offre un panorama sur plus de 300 km de montagnes. Depuis 1873, des chercheurs se relaient au sommet de la montagne, étudiant la météorologie puis l'astronomie. Dès 1909, la montée d'un premier télescope de 50 cm de diamètre permet de réaliser les premières véritables études de la planète Mars. L'année suivante, les astronomes voient passer la comète de Halley !

Ce site unique en Europe est tourné vers les étoiles. Au début des années 1930, c'est ici qu'est inventé un instrument dédié à l'étude de la couronne et du disque solaire. L'électricité n'arrive au sommet qu'en 1949, quelques années avant l'installation du premier téléphérique. Le site est alors réservé aux seuls scientifiques. Le plus grand télescope en service en France est installé en 1980. Il est toujours en activité et le sommet est aujourd'hui ouvert à tous !

MALIN !

En 1963, des techniciens de la Nasa viennent observer la surface de la lune depuis le pic du Midi avant de lancer leurs missions Apollo !

SYMPA !

Depuis 2006, le site est ouvert la nuit aux amateurs d'astronomie qui peuvent contempler les étoiles depuis le sommet.

TOUT EN CHIFFRES

- **2877 m** altitude
- **1800 m** point de départ (station de La Mongie)
- **5** minutes durée de la montée en téléphérique
- **1,7 °C** température moyenne annuelle
- **170** nuits/an conditions propices à l'observation en haut du site

Les gorges du Verdon et de l'Ardèche

Les plus beaux canyons de l'Hexagone

- **lieux :** Sud, Centre et Est de la France
- **sites naturels** protégés
- **activités :** randonnée, canyoning, rafting

HALLUCINANT !

Construite en 1920 dans le canyon d'Olhadubi, la passerelle d'Holzarté, tout en bois, est suspendue à 140 m au-dessus du vide !

SYMPA !

Les gorges de la Jonte offrent l'un des meilleurs sites pour observer les vautours nicher sur leurs falaises abruptes.

Creusées par l'usure de l'eau et du temps, les gorges forment des paysages vertigineux et escarpés. Elles constituent souvent des frontières naturelles entre deux régions. En France, la majorité d'entre elles sont localisées au sud de la Loire. Sinuant sous des falaises dépassant parfois 700 mètres de hauteur, elles composent des décors grandioses où l'on pratique la randonnée, le canyoning et le rafting.

Très fréquentées, les gorges du Verdon sont situées entre le Var et les Alpes de Haute-Provence. Elles forment l'un des canyons les plus profonds d'Europe où coule une rivière de couleur émeraude : le Verdon. Plus au nord, les gorges de l'Ardèche, canyon formé il y a 110 millions d'années dans la roche calcaire, dissimulent des arches naturelles (le pont d'Arc), des grottes, des cavernes et de mystérieuses cavités que l'on appelle « avens ».

ZOOM

AUTRES GORGES DE FRANCE

- gorges du Tarn (Lozère/Aveyron)
- gorges de la Jonte (Lozère)
- gorges de Galamus (Aude/Pyrénées-Orientales)
- gorges du Gardon (Gard)
- gorges du Doubs (Doubs)

Les grottes préhistoriques

La mémoire sous terre

- **lieu :** Sud-Ouest
- **origine :** paléolithique supérieur
- **particularité :** parois peintes ou gravées

La majorité des grottes préhistoriques découvertes en France sont situées entre la Dordogne, le Lot, l'Ardèche et les Pyrénées-Atlantiques. Ornées de splendides peintures pariétales, elles ont traversé les âges souvent à l'abri du regard des hommes. Elles demeurent aujourd'hui un témoignage aussi ancien que fragile. Certaines d'entre elles sont ainsi interdites à la visite, d'autres n'acceptent qu'un nombre limité de visiteurs.

C'est le hasard – ou la chance! – qui a permis de découvrir les plus belles : Lascaux, Chauvet ou Pech Merle. Avec leurs stalactites et stalagmites, leurs parois gravées ou peintes, ces grottes offrent un spectacle unique. Les spécialistes comparent même la richesse des représentations de Lascaux à celle de la chapelle Sixtine à Rome! Le visiteur a ainsi parfois le sentiment qu'à plusieurs centaines de mètres sous terre, c'est l'art qui a été inventé...

MALIN !

C'est en suivant son chien qui poursuivait un lapin que Marcel Ravidat, 17 ans, découvre par hasard la grotte de Lascaux en 1940.

AH BON ?

Dans le Périgord noir, la vallée de la Vézère offre une incroyable diversité de sites préhistoriques et de grottes ornées!

TOUT EN CHIFFRES

- **14** comme le carbone 14 permettant de dater les peintures
- **25** grottes ornées dans la vallée de la Vézère
- **195** crânes d'ours trouvés dans la grotte Chauvet
- **260 000** visiteurs par an à Lascaux II

- **origine :** 6e millénaire av. J.-C.
- **particularité :** sites de transformation
- **production :** 2,1 millions de tonnes de sel cristallisé (2013)

Les salines

Du sel et des hommes

Les salines sont les lieux de production du sel. En France, elles sont situées aussi bien le long du littoral, entre l'océan Atlantique et la Méditerranée, que dans les Pyrénées ou sur l'axe Rhin-Rhône. Les sources d'eau salée, les mines de sel et surtout l'eau de mer y sont exploitées.

Grands sites de production dans la métropole, les marais salants de Guérande, de l'île de Ré ou de la Camargue permettent, grâce à l'action du soleil et du vent, la cristallisation du sel renfermé dans l'eau de mer. Le sel récolté forme de petites collines triangulaires avant d'être traité. Autre lieu, autre technique : la saline royale d'Arc-et-Senans, construite au XVIIIe siècle pour que les hommes y transforment la saumure, est aussi un site emblématique de la culture du sel, alors si précieux qu'on parlait d'« or blanc ».

HALLUCINANT !

Vers le 6e millénaire avant notre ère, les sources salées de la vallée de l'Asse, dans les Alpes de Haute-Provence, étaient déjà exploitées !

AH BON ?

Dès l'âge du bronze, les « routes du sel » désignaient les routes commerciales entre le bord de mer, et l'intérieur du pays.

ZOOM

LES GRANDES SALINES

- Guérande (Loire-Atlantique)
- île de Noirmoutier (Vendée)
- Gruissan (Aude)
- Aigues-Mortes (Gard)
- Einville (Lorraine)

- **lieu :** Nord et Pas-de-Calais
- **origine :** révolution industrielle
- **particularité :** 109 sites classés au patrimoine mondial de l'Unesco

Le bassin minier

L'enfer du Nord

Trois siècles d'extraction du charbon ont façonné les paysages du Nord de la France. Dans la mémoire collective, le bassin minier est synonyme de fosses, de coups de grisou, d'exploitation des hommes, voire d'enfants, à plus de 1 000 m sous terre !

Entre le XVIIIe et le XXe siècle, la production minière entraîne la création de nouvelles cités ouvrières où vivent des familles venues de Pologne, d'Italie ou du Maroc. À proximité des terrils et des fosses des mineurs, naissent rapidement des écoles, des hôpitaux, des églises et, bien sûr, des gares permettant de transporter la houille. Les familles sont pauvres mais l'industrie est très prospère, jusque dans les années 1960. Les dernières mines ont fermé en 1990 mais le patrimoine industriel conservé rappelle la solidarité et la souffrance de tous ceux qui y ont travaillé.

MOTIVÉS !

Entre le milieu du XIXe siècle et la Première Guerre mondiale, la population du « Pays noir » du Pas-de-Calais passe de 46 000 à 270 000 habitants.

SYMPA !

L'ancien terril de Nœux-les-Mines a été transformé en piste de ski artificielle !

ZOOM PRINCIPAUX SITES DU BASSIN

- centre historique minier (Lewarde)
- fosse 11-19 et terril n°74a (Loos-en-Gohelle)
- fosse 9-9 bis et terril n°110 (Oignies)
- fosse d'Arenberg (Wallers)
- cité des électriciens (Bruay-la-Buissière)

Le maquis corse

Un espace de liberté

- **superficie :** 200 000 hectares; 20 % de la surface de l'île
- **lieu :** hauteurs corses
- **particularité :** lieu de cachette

BIEN DIT !

Aux siècles passés, les Anglais parlaient de la Corse comme de « l'île parfumée » et Napoléon, natif de l'île, disait la reconnaître à son odeur…

DUR !

Le GR20® est l'un des plus beaux sentiers de randonnée au monde : il sinue à travers le maquis, les forêts de hêtres et de pins, la montagne sur 200 km !

Le maquis corse est l'un des symboles de « l'île de beauté ». C'est ici, sur les hauteurs de l'île, que viennent se cacher depuis la nuit des temps les résistants et les bandits d'honneur – ou pas. Impénétrable, le maquis ne se laisse pénétrer que par ceux qui sont nés sur cette terre. C'est l'espace des secrets et des légendes corses. On prétend que les druides et les sorciers venaient déjà y cueillir l'asphodèle, une plante réputée pour ses pouvoirs magiques.

Le maquis est composé d'un tapis végétal à la fois très dense et coloré. Nombre de ses essences sont très odorantes. Il a surtout la capacité de pousser malgré de fortes chaleurs et de repousser rapidement lorsqu'il y a des incendies (souvent criminels). Il peut ainsi atteindre six mètres de hauteur dans certaines parties de l'île. Le maquis est une forêt qui ne dit pas son nom !

ZOOM

LA VÉGÉTATION DU MAQUIS

- ciste
- genêt
- bruyère
- arbouse
- myrte

- **site :** entre le Gard et les Bouches-du-Rhône
- **identité :** parc naturel régional (85 000 hectares)
- **particularité :** lieu humide

La Camargue

Terre des taureaux

Uniques en France, les paysages de la Camargue sont à la fois composés de grandes plages de sable et de rizières, de marais salants et de champs de blé, de villes d'art et de traditions gitanes. Cette terre de taureaux, de chevaux sauvages, de castors et de flamants roses est née de la lutte entre le Rhône et la Méditerranée. Formant un delta, c'est une zone humide qui abrite une faune extrêmement variée.

C'est grâce à la création de la Réserve nationale en 1927 puis du Parc naturel régional en 1970 que ce milieu naturel fragile a pu être préservé. La Camargue est placée sur l'axe de migration de très nombreuses espèces d'oiseaux entre l'Europe et l'Afrique du Nord. Aux côtés des hérons pourpres, échasses blanches, hirondelles de mer et colverts, les flamants roses ont trouvé ici un site de nidification privilégié.

MALIN !

Pour lutter contre les moustiques, des bornes imitant la respiration et diffusant des odeurs humaines ont été installées dans les zones urbaines !

SÉQUENCE ÉMOTION

Tous les ans, fin mai, des milliers de Gitans viennent en pèlerinage porter dans la mer les reliques de l'église des Saintes-Maries-de-la-Mer.

TOUT EN CHIFFRES

- **2** zones paysagères
- **40** espèces de moustiques
- **95** km de littoral
- **2000** couples de hérons blancs
- **30 000** flamants roses (été)

- **lieu :** île de La Réunion
- **particularité :** volcan actif
- **hauteur :** 2632 m d'altitude

Le piton de la Fournaise

Fusion à La Réunion

L'île de La Réunion est née il y a deux millions d'années au large de Madagascar, dans l'océan Indien. Elle a été formée par deux épisodes volcaniques successifs mais sa partie émergée ne représente qu'une partie infime de l'île. Si le piton des Neiges est endormi depuis 12000 ans, le piton de la Fournaise reste, au sud-est de l'île, l'un des volcans les plus actifs au monde.

Avec en moyenne une éruption tous les 10 mois, ce volcan fait le bonheur des vulcanologues qui le surveillent 24h sur 24 à l'aide de moyens technologiques très perfectionnés. Les touristes viennent également admirer – à distance ! – le spectacle de sa lave en fusion. Il n'y a aucune habitation aux alentours, ses coulées de lave continuant, aujourd'hui encore, de modifier les contours de l'île !

LE DÉTAIL QUI TUE

Point culminant de l'île (3069 m), le piton des Neiges est considéré simplement en sommeil par les vulcanologues !

DUR !

La « Diagonale des fous » est une course à pied qui traverse l'île : plus de 160 km de montées et de descentes que les meilleurs parcourent en 24 h !

ZOOM

ÉRUPTIONS RÉCENTES

- 24 mars 1977
- 19 mars 1986
- 9 mars 1998
- 13 août 2004
- 2 avril 2007

- **lieu :** Polynésie française
- **particularité :** paysages de carte postale
- **activités :** baignade et pêche

Les lagons polynésiens

Des cartes postales du bout du monde

Située à plus de 15 000 km de l'Hexagone, au cœur de l'océan Pacifique, la Polynésie française a toujours fait rêver, du grand navigateur James Cook au célèbre peintre Paul Gauguin. Elle est composée de 34 îles volcaniques et 84 atolls. Ces derniers sont autant de paysages de carte postale, avec leurs palmiers, leurs plages de sable corallien et leurs eaux couleur turquoise.

Enserrés dans les atolls, les lagons sont des étendues d'eau protégées du large par des récifs, qui servent de barrière aux vagues. Peu profonds, ils sont très appréciés des touristes qui y pratiquent la baignade et le snorkeling (la randonnée palmée). Les Polynésiens, eux, privilégient l'art de la pirogue et celui de la pêche : individuelle, à l'épervier (de grands filets que l'on jette au-dessus des poissons) ou au caillou (pour rabattre les poissons vers le rivage). À chacun ses distractions...

SYMPA !

Les principaux requins que l'on rencontre dans les lagons polynésiens sont les inoffensifs requins pointe blanche.

LA CLASSE !

C'est à l'occasion du film *Les Révoltés du Bounty* (1962) que l'acteur Marlon Brando tombe amoureux de Tahiti et achète l'atoll de Tetiaroa !

ZOOM

LES PLUS BEAUX LAGONS AUTOUR DE TAHITI

Bora Bora · Rangiroa · Raivavae · Fakarava · Huahine

La géographie en dix records

Le plus grand port de plaisance

Escale incontournable en Méditerranée avec son « quai des Milliardaires », le port de plaisance d'Antibes peut accueillir 1 230 bateaux à quai.

La plus haute cascade

Sur l'île de La Réunion, le Trou de Fer culmine à 725 m ! En métropole, la cascade de Gavarnie, dans les Pyrénées, est haute de 423 m.

Le nom le plus improbable

Avec 45 caractères, Saint-Rémy-en-Bouzemont-Saint-Genest-et-Isson est la commune au nom le plus long. Située dans la Marne, elle ne compte que 549 habitants.

La route la plus longue

Succédant à l'ancienne nationale 7, la route des vacances, c'est aujourd'hui l'A10 qui est la (auto)route la plus longue de France, avec 557 km.

La route la plus élevée

Fermée en hiver, la route bitumée du col de la Bonette, située dans le massif du Mercantour, culmine à 2 656 m. Elle a été classée « route impériale » en 1860 par Napoléon III !

La dune la plus haute

À l'entrée du bassin d'Arcachon, la dune du Pilat s'élève entre 100 et 115 m de haut selon les années. Une dune unique au monde !

La plus grande forêt

Avec presque 35 000 hectares, la forêt domaniale d'Orléans est la plus vaste de métropole. Hors de l'Hexagone, c'est évidemment la forêt amazonienne en Guyane !

Le plus long tunnel

12,895 km ! C'est la longueur du tunnel du Fréjus, à la frontière entre la France et l'Italie. Ouvert en 1980, il est emprunté par 1,5 million de véhicules par an.

L'aéroport le plus fréquenté

L'aéroport Paris-Charles-de-Gaulle a accueilli 63,8 millions de voyageurs en 2014 qui ont profité de 465 000 vols en France et à travers le monde.

La station de ski la plus élevée

Situé à 2300 m d'altitude, le village de Val-Thorens abrite au cœur du domaine skiable des Trois-Vallées la plus haute station de ski de France et d'Europe.

Monuments

Le Mont-Saint-Michel, la Corderie royale de Rochefort, le MuCEM, la tour Eiffel... sont des chefs-d'œuvre d'architecture et des monuments emblématiques de la France. Mais connaissez-vous bien leur histoire ? Savez-vous tout de leurs petits secrets ?

Partez à leur découverte !

- **période :** préhistoire vers 18000 av. J.-C.
- **site :** Montignac - Lascaux, en Dordogne
- **grotte** ornée paléolithique

La grotte de Lascaux

Des parois peintes

Le 8 septembre 1940, un adolescent de 17 ans, Marcel Ravidat, se balade avec ses copains quand, soudain, son chien disparaît dans un trou. En récupérant son chien, il s'aperçoit que l'orifice s'enfonce profondément sous terre. Il décide de l'explorer et y retourne quatre jours plus tard. Ainsi aurait-il découvert la fameuse grotte de Lascaux, le 12 septembre 1940.

Cette cavité recèle un trésor : ses parois sont couvertes de fabuleuses peintures préhistoriques qui représentent des taureaux, des aurochs, des chevaux, des cerfs, des bisons, des bouquetins, un ours, une licorne... Dans le secteur du puits se trouve même une étrange représentation humaine, un homme à tête d'oiseau renversé par un bison ! Selon les spécialistes, l'endroit possédait sans doute une dimension spirituelle, magique ou religieuse.

LA CLASSE !

La salle des Taureaux est ornée de taureaux géants ; l'un d'eux mesure plus de 5 mètres de long.

AH BON ?

Menacée par la surfréquentation touristique, la grotte de Lascaux est fermée au public depuis 1963 ; mais les visiteurs peuvent admirer sa réplique exacte, baptisée Lascaux II.

ZOOM GROTTES ORNÉES

- **-31000** Chauvet-Pont-d'Arc, Ardèche
- **-27000** Cosquer, Bouches-du-Rhône
- **-25000** Pech Merle, Lot
- **-15000** Roc-aux-Sorciers, Vienne

Les alignements de Carnac

Des pierres dressées

- **période :** préhistoire vers 3000 av. J.-C.
- **site :** Carnac, dans le Morbihan
- ensemble **mégalithique**

À Carnac se trouve un ensemble mégalithique (« grosse pierre » en grec) exceptionnel, particulièrement célèbre pour ses alignements de menhirs (« pierres longues » en breton), répartis sur trois sites principaux : au Menec, 11 lignes de menhirs s'étirent sur 950 mètres ; à Kermario, 10 lignes atteignent 1 100 mètres de long ; à Kerlescan, 13 lignes s'étendent sur 350 mètres. La taille des blocs varie énormément, de quelques dizaines de centimètres à plusieurs mètres.

Mais à quoi servaient de tels alignements ? Difficile à dire. Cependant, nombre de spécialistes pensent qu'il s'agissait d'aménagements religieux, peut-être des voies sacrées destinées aux processions ou bien une sorte de calendrier pointant le lever du soleil à l'équinoxe de printemps, au solstice d'été, à l'équinoxe d'automne…

HALLUCINANT !

Selon une légende locale, ces rangées de pierres seraient une légion romaine pétrifiée par saint Cornely.

LA STAR

Baptisé « le géant du Manio », le plus grand menhir de Carnac mesure 6,5 mètres de haut. Il se trouve à proximité du quadrilatère du Manio, au nord-est de Kermario.

TOUT EN CHIFFRES

- site complet : **2934 menhirs**
- Menec : **1050 menhirs**
- Kermario : **980 menhirs**
- Kerlescan : **555 menhirs**

- **période :** Antiquité gallo-romaine
- **début des travaux :** vers 50
- **site :** Vers-Pont-du-Gard, dans le Gard
- **ouvrage d'art :** aqueduc

Le pont du Gard

Un aqueduc d'exception

Sources, fontaines, thermes… l'eau est un élément essentiel de la civilisation gallo-romaine. Pour l'acheminer d'Uzès à Nîmes, les ingénieurs n'hésitent pas à construire un aqueduc long de 50 km. Cette canalisation suit une pente descendante de 25 centimètres par kilomètre en moyenne et transporte de 30 000 à 40 000 m³ d'eau courante par jour.

Au niveau de la vallée du Gard, la conduite doint enjamber la rivière. Les ingénieurs élèvent donc un pont-aqueduc gigantesque, le plus haut du monde romain. Entièrement fait de blocs pouvant atteindre 6 tonnes, cet ouvrage d'art compte 3 rangées d'arches superposées : 6 arches au premier niveau, 11 au deuxième et 47 au troisième. L'eau coule au sommet, dans un canal rendu étanche grâce à un enduit composé de chaux et d'argile cuite (par exemple, des tuiles et des briques broyées).

MOTIVÉS !

Près d'un millier d'hommes ont travaillé sur ce chantier colossal, achevé en seulement 5 ans !

BIEN DIT !

Ce chef-d'œuvre inspira ces mots à Rousseau : « Je sentais, tout en me faisant petit, je ne sais quoi qui m'élevait l'âme, et je me disais en soupirant : Que ne suis-je né Romain ! »

TOUT EN CHIFFRES

- longueur à l'origine : **360 m**
- hauteur : **49 m**
- nombre d'arches à l'origine : **64**
- poids : **50 000 tonnes**

Les arènes de Nîmes

Tous en piste !

- **période :** Antiquité gallo-romaine
- **début des travaux :** vers 80
- **site :** Nîmes, dans le Gard
- lieu de **spectacle**

Appelée Nemausus, Nîmes est une cité gallo-romaine importante, dotée de splendides édifices. Elle dispose notamment d'un grand amphithéâtre, un cirque ovale mesurant 133 mètres de long pour 101 mètres de large, avec une piste de 68 mètres sur 38 mètres. Là, 24000 spectateurs pouvaient acclamer trois sortes de divertissements sanglants : des chasses opposant des hommes et des animaux, notamment des lions, des tigres, des éléphants, des girafes, des ours et des taureaux ; des exécutions de condamnés à mort ; des combats de gladiateurs, généralement des esclaves ou des prisonniers formés à la lutte dans des écoles spécialisées.

De nos jours, les arènes de Nîmes accueillent toujours des spectacles, comme des reconstitutions historiques, des concerts, des combats de catch et des corridas, c'est-à-dire des mises à mort de taureaux.

LA CLASSE !

La façade de l'amphithéâtre se compose de deux niveaux qui comportent chacun 60 arcades. Elle s'élève à 21 mètres.

MALIN !

Sous la piste, des galeries formaient les coulisses. Des trappes et un système de monte-charge permettaient de faire apparaître les décors, les hommes et les bêtes.

ZOOM

ÉDIFICES GALLO-ROMAINS

- Amphithéâtre d'Arles
- Trophée des Alpes (La Turbie)
- Théâtre d'Orange
- Temple d'Auguste et de Livie (Vienne)

Le Mont-Saint-Michel
La pyramide de l'Occident

- **période :** Moyen Âge
- **début des travaux :** 1023
- **site :** baie du Mont-Saint-Michel, dans la Manche
- lieu de **culte**
- abbaye **romane** et **gothique**

TROP GORE !

Selon la légende, Aubert aurait reçu trois visites de l'archange Michel. Celui-ci l'aurait touché du doigt et aurait fait un trou dans son crâne.

DUR !

Le mont est surnommé « la Bastille des mers ». Sous la monarchie de Juillet, par exemple, il sert de prison aux républicains Barbès et Blanqui.

Aubert, l'évêque d'Avranches, voue un culte particulier à l'archange Michel. En 708, il lui dédie un oratoire, un lieu de prière, au sommet du mont Tombe, un gros rocher de granit situé à l'embouchure du fleuve du Couesnon.

Dorénavant appelé Mont-Saint-Michel, le site connaît un grand développement et se couvre d'édifices : au petit oratoire succède l'église Notre-Dame-sous-Terre, puis une abbaye romane, agrandie d'une structure gothique appelée « la Merveille ». Faute de place sur le rocher, la Merveille est construite à la verticale, sur trois niveaux ; aumônerie et cellier en bas, salle des hôtes et salle des chevaliers au milieu, réfectoire et cloître en haut.

Le Mont-Saint-Michel attire de nombreux pèlerins et connaît un immense rayonnement jusqu'à la guerre de Cent Ans (1337-1453). Pour résister à l'assaut des Anglais, il se dote de remparts et devient une solide place forte. De 1472 à 1863, il fait même office de prison d'État. Classé monument historique depuis 1874, il attire aujourd'hui une foule de touristes.

CHRONO EXPRESS

- **708** — oratoire de saint Aubert
- **966** — fondation de l'abbaye bénédictine
- **1023** — première pierre de l'église abbatiale romane

Au milieu de sa baie, le Mont-Saint-Michel paraît flotter entre ciel, terre et mer. À marée basse, il semble posé sur le sable ; à marée haute, il est entouré d'eau.

BIEN **DIT** !

Dans *Le Horla*, Maupassant décrit le mont comme un « gigantesque bijou de granit, aussi léger qu'une dentelle, couvert de tours, de sveltes clochetons, où montent des escaliers tordus ».

LA **STAR**

Au sommet de la flèche de l'église abbatiale, à 170 mètres de haut, se dresse une statue dorée de saint Michel terrassant un dragon qui symbolise le diable.

1228 achèvement de la Merveille gothique

1421 effondrement du chœur de l'église

1521 nouveau chœur gothique flamboyant

LE **DÉTAIL** QUI TUE

De nos jours, le village du Mont-Saint-Michel compte une quarantaine d'habitants mais voit passer plus de 3 millions de visiteurs par an.

- **période :** Moyen Âge
- **début des travaux :** vers 1050
- **site :** Conques, dans l'Aveyron
- lieu de **culte**
- abbaye **romane**

LA STAR

Jeune chrétienne de 12 ans, sainte Foy aurait été martyrisée à Agen en 303. Les Agenais auraient récupéré ses os pour en faire des reliques.

DUR !

Le tympan décrit les supplices de l'enfer : le gourmand est jeté dans une marmite, le menteur a la langue coupée, l'avare est pendu...

L'abbaye Sainte-Foy

Le trésor de Conques

Fondée par l'ermite Dadon vers 790, la communauté bénédictine de Conques bénéficie de dons royaux considérables. Mais elle veut plus. En 866, ses moines dérobent les précieuses reliques de sainte Foy et les ramènent à Conques. Dès lors, l'abbaye devient un lieu de pèlerinage incontournable, d'autant plus qu'elle se trouve sur la route de Saint-Jacques-de-Compostelle.

Forte de son exceptionnel rayonnement spirituel, la communauté se lance dans la construction de nouveaux bâtiments vers 1050 et élève une église romane magnifiquement décorée. Son tympan est l'un des plus célèbres de France ; il représente le Jugement dernier, avec le paradis à la droite du Christ et l'enfer à sa gauche.

L'abbaye abrite également un riche trésor : des croix, des reliquaires, des châsses et, surtout, la statue-reliquaire de sainte Foy assise sur un trône. Celle-ci étincelle d'or et de pierreries. Elle est incrustée de perles, d'émeraudes, de saphirs, de grenats... et même de pierres gravées antiques, de camées et d'intailles.

ZOOM

ÉDIFICES DE STYLE ROMAN

- **cathédrale Saint-Lazare, à Autun**
- **basilique Sainte-Marie-Madeleine, à Vézelay**
- **cathédrale Notre-Dame-du-Puy, au Puy-en-Velay**

L'église abbatiale Sainte-Foy illustre parfaitement l'architecture romane. Celle-ci se caractérise notamment par des voûtes en berceau (en forme de demi-cercle) qui reposent sur des murs épais. Elle est plutôt sobre et compacte.

MALIN !

Le déambulatoire, autour du chœur, et les bas-côtés, le long de la nef, permettent aux pèlerins de circuler facilement dans l'édifice.

LA CLASSE !

250 chapiteaux sculptés ornent l'intérieur de l'église. Ils montrent toutes sortes de scènes : la condamnation de sainte Foy, un combat de cavaliers, des sonneurs de cor...

QUEL TALENT !

En 1994, le peintre français Pierre Soulages pare l'église de vitraux « blancs », c'est-à-dire incolores, qui respectent la lumière naturelle.

- abbaye Saint-Pierre, à Moissac
- basilique Saint-Sernin, à Toulouse
- abbaye de Saint-Savin-sur-Gartempe

- **période :** Moyen Âge
- **début des travaux :** vers 1070
- **site :** Duilhac-sous-Peyrepertuse, dans l'Aude
- château **cathare**

Le château de Peyrepertuse

Un bastion cathare

Quasi inaccessible, le château de Peyrepertuse s'étend sur la crête d'un éperon rocheux vertigineux, haut de 800 mètres. Il épouse parfaitement le relief de la pierre et occupe tout l'espace. Il se compose de trois parties : le château vieux, l'enceinte médiane et le donjon San Jordi. De puissantes murailles fortifient l'ensemble.

Le château est mentionné dès 1070. Durant la croisade contre les Albigeois (1208-1244), son seigneur, Guillaume de Peyrepertuse, soutient les Albigeois, également appelés « cathares ». Il s'oppose donc au roi de France et à l'Église catholique, ce qui lui vaut d'être excommunié en 1224. Le conflit dure jusqu'en 1240, date à laquelle Guillaume se soumet au roi et lui cède son château. Celui-ci est alors considérablement remanié et renforcé pour devenir une grande citadelle royale.

EN VO

Les cathares sont des chrétiens en désaccord avec l'Église catholique. Ils souhaitent revenir au christianisme des origines ; ils prônent une vie simple et austère.

QUEL TALENT !

En 1240, le château revient au roi Louis IX, dit Saint-Louis. C'est lui qui fait construire le donjon San Jordi.

ZOOM

CHÂTEAUX CATHARES

- **Montségur, dans l'Ariège**
- **Puilaurens, dans l'Aude**
- **Quéribus, dans l'Aude**
- **Termes, dans l'Aude**

L'abbaye de Fontenay

La pureté cistercienne

- **période :** Moyen Âge
- **début des travaux :** 1118
- **site :** Montbard, en Côte-d'Or
- lieu de **culte**
- abbaye **cistercienne**

Fondée en 1118 par Bernard de Clairvaux, l'abbaye de Fontenay est la plus ancienne abbaye cistercienne conservée au monde. Son plan répond parfaitement à son double objectif : la prière et le travail. Au centre, se trouvent l'église abbatiale, le cloître, la salle capitulaire, la salle des moines, le dortoir et d'autres bâtiments réservés à la vie religieuse. Tout autour, se répartissent les lieux de travail, comme les jardins, l'infirmerie, le moulin et la forge, la boulangerie, le pigeonnier...

L'architecture cistercienne se caractérise par son dépouillement, car rien ne doit détourner l'attention des moines. Elle évite notamment les décors figuratifs, qui représentent des personnages. En conséquence, les chapiteaux sont ornés de formes végétales sobres et les vitraux de motifs géométriques peu colorés.

EN VO

Les cisterciens sont des moines catholiques, originaires de Cîteaux. Ils privilégient la simplicité et le travail manuel.

LE DÉTAIL QUI TUE

À la Révolution française, l'abbaye est confisquée et vendue. Son nouveau propriétaire, Claude Hugot, la transforme en papeterie.

ZOOM ABBAYES CISTERCIENNES

- Noirlac, dans le Cher
- Senanque, dans le Vaucluse
- Le Thoronet, dans le Var
- Royaumont, dans le Val-d'Oise

Le Haut-Kœnigsbourg

La forteresse alsacienne

- **période :** Moyen Âge
- **début des travaux :** vers 1147
- **site :** Orschwiller, dans le Bas-Rhin
- château **fort**

EN VO

Le château est appelé Haut-Kœnigsbourg car il est construit en hauteur, sur un promontoire rocheux. Il domine la plaine d'Alsace à 757 mètres d'altitude.

LA CLASSE !

Dans la salle des fêtes, les murs sont couverts de fresques qui illustrent l'imaginaire chevaleresque. Au plafond se déploie l'aigle impérial.

Construit par Frédéric de Hohenstaufen, le château est mentionné dès 1147. Il prend le nom allemand de Kœnigsbourg en allemand – « château royal » en français – en 1157. S'ensuivent des siècles d'une histoire chaotique. Passé aux mains des Hohenstein, le château devient un repaire de pillards qui attaquent les voyageurs.

Excédées, les villes de Strasbourg, de Colmar et de Bâle lèvent une armée et détruisent le château en 1462. Ses restes sont attribués en 1479 au comte Oswald de Thierstein, qui reconstruit l'édifice et le dote d'un système défensif perfectionné.

En 1633, durant la guerre de Trente Ans, le Haut-Kœnigsbourg est assiégé, pillé et incendié par les Suédois. La ville de Sélestat achète ses ruines en 1865 et les offre à l'empereur d'Allemagne Guillaume II en 1899. Ce dernier tombe sous le charme du vieux château fort et confie sa restauration complète à Bodo Ebhardt. L'inauguration a lieu en 1908. Pour l'occasion, tous les dignitaires impériaux portent des habits médiévaux et célèbrent en grande pompe la gloire de l'Allemagne.

ZOOM CHÂTEAUX FORTS

vers 1097	vers 1166	vers 1220
Gisors	Fougères	Dourdan

Des remparts crénelés, une cour basse avec fontaine, forge et moulin, un donjon haut de 62 mètres, un logis meublé, deux ponts-levis, un grand bastion à deux tours… le Haut-Kœnigsbourg est un modèle de château fort.

AH **BON ?**

La restauration de Bodo Ebhardt est parfois jugée fantaisiste. Pourtant, les spécialistes actuels reconnaissent qu'il s'est appuyé sur un certain nombre de constatations scientifiques.

LE **DÉTAIL** QUI TUE

Pour Guillaume II, le Haut-Kœnigsbourg symbolise la puissance allemande. Pourtant, au terme de la Première Guerre mondiale, l'Alsace et le château reviennent à la France.

vers 1230 — Angers

vers 1271 — Bonaguil

vers 1300 — Ainay-le-Vieil

QUEL **TALENT !**

Dans les années 1930, le cinéaste Jean Renoir choisit le Haut-Kœnigsbourg comme décor pour son célèbre film *La Grande Illusion*, avec Jean Gabin.

- **période :** Moyen Âge
- **début des travaux :** 1163
- **site :** Paris
- lieu de **culte**
- cathédrale **gothique**

Notre-Dame de Paris

Un chef-d'œuvre gothique

La cathédrale Notre-Dame se dresse au cœur de Paris, sur l'île de la Cité. L'évêque Maurice de Sully en lance les travaux en 1163. Pendant quelque 170 ans, architectes, maçons, charpentiers et autres tailleurs de pierre s'affairent sur ce gigantesque chantier. La longueur totale de l'édifice est de 128 mètres. La nef mesure 60 mètres de long et 12 mètres de large ; sa voûte s'élève à 33 mètres de haut. Les deux tours culminent à 69 mètres.

De style gothique, la cathédrale s'élance vers le ciel. L'emploi de la voûte sur croisée d'ogives permet de réduire l'épaisseur des murs, de percer d'immenses baies et de créer de vastes espaces lumineux. Les ouvertures sont habillées de splendides vitraux colorés qui illustrent des épisodes de la Bible. Les rosaces du transept atteignent presque 13 mètres de diamètre.

Notre-Dame abrite aussi plusieurs œuvres d'art : des peintures et des sculptures. En bonne place figure la clôture du chœur, une frise sculptée dans la pierre, peinte et dorée, qui raconte la vie de Jésus.

MALIN !

Grâce à la croisée d'ogives, le poids de la voûte repose sur des nervures de pierre qui s'appuient sur des piliers.

MARRANT !

Notre-Dame est hérissée de gargouilles. Ces statues fantastiques, mi-homme, mi-bête, servent de gouttières pour évacuer l'eau de pluie loin des murs.

CHRONO

FAITS MARQUANTS

- **1572** — mariage de Marguerite de Valois avec Henri de Navarre, futur Henri IV
- **1793** — les révolutionnaires transforment la cathédrale en temple de la Raison
- **1804** — Napoléon Bonaparte se fait sacrer empereur des Français

SYMPA !

La façade principale de Notre-Dame est ornée de nombreuses sculptures. Au Moyen Âge, une grande partie de ce décor était peint de couleurs vives, en particulier toutes les statues.

LA CLASSE !

Dans la tour sud se trouve la plus grosse cloche de Notre-Dame, le « bourdon » Emmanuel, qui pèse 13 tonnes. Son prestigieux parrain se nomme Louis XIV.

Sur le toit se dresse une flèche impressionnante, qui culmine à 93 mètres. Elle porte un coq reliquaire qui contient un morceau de la Sainte Couronne d'épines, une relique de saint Denis et une de sainte Geneviève.

1853 – mariage de Napoléon III et Eugénie de Montijo

1944 – célébration de la Libération de Paris, en présence du général de Gaulle

2007 – funérailles de l'abbé Pierre

LE POTIN

Dans son célèbre roman *Notre-Dame de Paris*, publié en 1831, Victor Hugo raconte l'histoire d'amour impossible entre le bossu Quasimodo et la belle gitane Esmeralda.

- **période :** Moyen Âge
- **début des travaux :** 1194
- **site :** Chartres, en Eure-et-Loir
- lieu de **culte**
- cathédrale **gothique**

La cathédrale de Chartres

L'art du vitrail

La nuit du 10 juin 1194, un terrible incendie détruit les trois quarts de la ville de Chartres et presque toute la cathédrale. Immédiatement, la population décide de la reconstruire. L'édifice actuel est consacré le 24 octobre 1260. La rapidité des travaux explique l'unité et l'harmonie de son architecture gothique. Les dimensions de sa nef impressionnent : 44 mètres de long, 16,40 mètres de large et 37 mètres de haut.

De plus, la cathédrale de Chartres possède un trésor inestimable : ses vitraux des XIIe et XIIIe siècles, uniques au monde. Répartis sur une surface d'environ 2500 m², ces vitraux hauts en couleur montrent à la fois des images pieuses et des scènes de la vie quotidienne au Moyen Âge. Ils offrent donc un précieux témoignage sur les métiers, les outils, les costumes et les meubles de l'époque.

MOTIVÉS !

La nef possède un dallage en forme de labyrinthe. Les fidèles le parcouraient sans doute à genoux, en guise d'exercice spirituel.

MALIN !

Telles des BD, les vitraux racontent des histoires religieuses en images, les fidèles étant jadis nombreux à ne pas savoir lire.

TOUT EN CHIFFRES

- portails sculptés **9**
- figures sculptées **4000**
- personnages sur les vitraux **5000**
- représentations de la Vierge **181**

Château-Gaillard

Sur les traces de Richard Cœur de Lion

- **période :** Moyen Âge
- **début des travaux :** 1196
- **site :** Les Andelys, dans l'Eure
- **château fort**

Richard Cœur de Lion, roi d'Angleterre et duc de Normandie, construit Château-Gaillard en un temps record, entre 1196 et 1198. Il veut contrôler la Seine et fermer la route de Rouen au roi de France, Philippe Auguste. Il dote sa forteresse de solides défenses : un premier fossé, un bastion avancé hérissé de 5 tours, une première enceinte, un deuxième fossé, une deuxième enceinte « festonnée » (composée d'arcs pour éviter les angles morts) et un donjon en éperon.

Malgré de telles défenses, Philippe Auguste assiège Château-Gaillard au début de l'hiver 1203 ; il veut l'arracher à Jean sans Terre, le successeur de Richard Cœur de Lion. Comme les assiégés résistent, il lance l'assaut au printemps 1204 et s'empare de la forteresse le 6 mars 1204. Dès lors, il peut tranquillement achever la conquête du duché de Normandie.

BIEN DIT !

« Comme elle est belle, ma fille d'un an ! » et « Que voilà un château gaillard ! », se serait exclamé Richard Cœur de Lion en découvrant sa nouvelle forteresse.

DUR !

Condamnée pour adultère, la princesse Marguerite de Bourgogne est emprisonnée à Château-Gaillard, où elle meurt en 1315.

CHRONO — FAITS MARQUANTS

- **1419** pris par Henri V d'Angleterre
- **1449** repris aux Anglais par Charles VII de France
- **1603** démantelé par Henri IV
- **1862** classé monument historique

- **période :** Moyen Âge
- **début des travaux :** 1211
- **site :** Reims, dans la Marne
- lieu de **culte**
- cathédrale **gothique**

La cathédrale de Reims

Le rendez-vous des rois de France

Vers 498, Clovis, le roi des Francs, se fait baptiser par l'évêque Rémi, à Reims. En 1027, parce qu'ils possèdent la Sainte Ampoule, les archevêques de Reims réussissent à faire reconnaître leur cathédrale comme cathédrale des sacres. À partir de cette date, presque tous les rois de France sont sacrés à Reims.

Construite à partir de 1211, la cathédrale actuelle se dresse sur un site occupé par plusieurs édifices successifs, dont le dernier a été détruit par les flammes. Elle mesure 149 mètres de long en tout ; sa nef fait 115 mètres de long, 14,65 de large et 38 de haut.

La cathédrale propose un splendide programme architectural gothique : verticalité, dentelle de pierre et murs de verre. Elle possède un élément unique : un revers de façade creusé de niches dans lesquelles sont sculptées 52 statues. Elle abrite à la fois des vitraux médiévaux et des vitraux modernes. Les plus célèbres ont été réalisés par le peintre Marc Chagall en 1974. Ils représentent l'arbre de Jessé, les deux Testaments et les grandes heures de Reims.

RESPECT !

La Sainte Ampoule renferme le baume dont on se sert pour sacrer les rois. Elle aurait été apportée par une colombe divine, lors du baptême de Clovis.

SÉQUENCE ÉMOTION

Roi contesté, Charles VII retrouve sa légitimité grâce à Jeanne d'Arc, qui le conduit à Reims pour le faire sacrer en 1429.

ZOOM CATHÉDRALES GOTHIQUES

- **1145** Rouen
- **1180** Strasbourg
- **1195** Bourges
- **1220** Amiens

DUR !

La cathédrale n'est pas finie ; il manque ses flèches. Leur construction a été abandonnée en 1481, faute de financement.

La façade de la cathédrale se distingue par l'élégance et la richesse de son décor. Au-dessus de la rosace, s'étire la galerie des rois, composée de 56 statues. Sur le portail gauche, se tient le fameux Ange au sourire.

AH BON ?

En 1954, à la demande de la corporation des vignerons de Champagne, le maître verrier Jacques Simon réalise trois grands vitraux illustrant les différentes phases de la préparation du champagne.

MOTIVÉ !

Toiture écroulée, vitraux éclatés, statues mutilées, la cathédrale sort de la Première Guerre mondiale terriblement abîmée. Mais elle est immédiatement restaurée.

1225 Beauvais

1240 Metz

1248 Clermont-Ferrand

- **période :** Moyen Âge
- **début des travaux :** 1224
- **site :** Carcassonne, dans l'Aude
- **fortifications**

Les remparts de Carcassonne

Une double défense

La cité de Carcassonne occupe un site stratégique au pied des Pyrénées. Dès l'époque gallo-romaine, elle possède des remparts. Au Moyen Âge, elle se développe grâce aux vicomtes Trencavel, qui font construire la cathédrale en 1096 et le château en 1130. Mais, lors de la croisade contre les Albigeois, Raymond Roger Trencavel perd le contrôle de la ville, qui revient au roi de France en 1224.

Son entrée dans le domaine royal bouleverse la cité, qui prend sa physionomie actuelle. Louis IX, dit Saint-Louis, Philippe III le Hardi et Philippe IV le Bel renforcent puissamment ses défenses : construction d'une deuxième enceinte pour doubler l'enceinte gallo-romaine ; création des lices, un espace vide entre les deux enceintes ; rénovation et consolidation de l'enceinte gallo-romaine.

La place forte perd son rôle militaire en 1659, avec la paix des Pyrénées. Délaissée, elle tombe peu à peu en ruine. Elle doit sa restauration au célèbre architecte Eugène Viollet-le-Duc, qui attaque les travaux en 1844.

DUR !

Les croisés de Simon de Montfort prennent Carcassonne en 1209. Ils en expulsent les habitants et emprisonnent Raymond Roger Trencavel, qui meurt sous les verrous.

LE DÉTAIL QUI TUE

L'ancienne cathédrale Saint-Nazaire se divise en deux : d'un côté, la nef romane, de l'autre, le transept et le chœur gothiques.

ZOOM

VILLES FORTIFIÉES

- **Aigues-Mortes, dans le Gard**
- **Guérande, en Loire-Atlantique**
- **Bonifacio, en Corse-du-Sud**
- **Avignon, dans le Vaucluse**

LA STAR

Eugène Viollet-le-Duc (1814-1879) se passionne pour l'architecture médiévale. Selon lui, restaurer un édifice, c'est lui rendre son aspect d'origine.

LA CLASSE !

Adossé à l'enceinte ouest, le château constitue l'ultime refuge de la forteresse. Ses hauts murs forment un rectangle de 80 mètres de long sur 40 mètres de large.

Hérissés de 52 tours, les remparts de Carcassonne se composent d'une enceinte extérieure longue de 1672 mètres et d'une enceinte intérieure longue de 1287 mètres. L'entrée principale se trouve à l'est, par la porte Narbonnaise.

SYMPA !

Chaque année depuis 1898, le soir du 14 juillet, a lieu l'embrasement de la cité de Carcassonne, un spectaculaire feu d'artifice.

Saint-Malo, en Ille-et-Vilaine

Provins, en Seine-et-Marne

Dinan, dans les Côtes-d'Armor

La Sainte-Chapelle

Un reliquaire géant

- **période :** Moyen Âge
- **début des travaux :** vers 1242
- **site :** Paris
- lieu de **culte**
- chapelle **gothique**

À partir de 1239, Louis IX, dit Saint-Louis, acquiert diverses reliques de la Passion du Christ : la Sainte Couronne d'épines, un morceau de la Vraie Croix, la pointe de la Sainte Lance, la Sainte Éponge, quelques gouttes de Saint Sang…

Afin d'abriter au mieux son précieux trésor, Saint-Louis décide de construire la Sainte-Chapelle vers 1242. Le nouvel édifice s'élève au cœur du palais de la Cité, le siège du pouvoir royal. Il compte une chapelle basse pour les gens du commun et une chapelle haute pour la famille royale. Joyau de l'art gothique, la chapelle haute éblouit par sa légèreté et sa finesse. Elle ressemble à un écrin de verre multicolore car d'immenses vitraux remplacent les murs. Ces lumineuses images montrent plus de 1 000 scènes de la Bible. Le quinzième vitrail, lui, raconte l'histoire des reliques.

LE **DÉTAIL** QUI TUE

La Sainte-Chapelle a coûté « seulement » 40 000 livres, trois fois moins que la Couronne d'épines, achetée 135 000 livres.

AH **BON ?**

Au fil du temps, de nombreuses reliques ont disparu, mais pas la Couronne d'épines. Actuellement, elle se trouve dans la cathédrale Notre-Dame de Paris.

ZOOM

VITRAUX RÉALISÉS PAR DES **ARTISTES**

- **église Saint-Valéry (Varengeville-sur-Mer), Georges Braque**
- **chapelle du Rosaire (Vence), Henri Matisse**
- **chapelle royale Saint-Frambourg (Senlis), Joan Miró**
- **église Saint-Maximin (Metz), Jean Cocteau**

La cathédrale d'Albi

Un vaisseau de briques

- **période :** Moyen Âge
- **début des travaux :** 1282
- **site :** Albi, dans le Tarn
- lieu de **culte**
- cathédrale **gothique**

LE DÉTAIL QUI TUE

La cathédrale est consacrée à sainte Cécile, la patronne des musiciens, qui se serait rendue à son supplice en musique.

RESPECT !

À l'entrée se dresse un « baldaquin », un porche grandiose qui marque le passage entre le monde des hommes et le monde de Dieu.

Cet édifice présente un stupéfiant contraste entre la rigueur extérieure de son architecture défensive et la richesse intérieure de sa somptueuse décoration. L'évêque Bernard de Castanet lance les travaux en 1282. Face à l'hérésie cathare, il veut affirmer la puissance de l'Église catholique. Il élève donc une immense structure fortifiée, plutôt austère, tout en briques rouges. C'est la plus grande cathédrale en briques du monde.

Mais son originalité ne se résume pas à cela. Cette cathédrale est la seule d'Europe dont les voûtes et les murs sont entièrement peints, sur une surface d'environ 18500 m². Elle s'orne notamment d'une gigantesque fresque du Jugement dernier. Elle est aussi l'unique cathédrale française à posséder son chœur d'origine, entouré d'un jubé, une clôture de pierre finement sculptée.

TOUT EN CHIFFRES

- longueur totale **113 m**
- largeur totale **35 m**
- hauteur des voûtes **30 m**
- hauteur du clocher **78 m**

- **période :** Moyen Âge
- **début des travaux :** 1334
- **site :** Avignon, dans le Vaucluse
- résidence **pontificale**

Le palais des Papes

La merveille d'Avignon

Fuyant Rome, en proie aux émeutes, le pape Clément V arrive à Avignon en 1309. Il pense ce séjour provisoire mais ses successeurs y restent une centaine d'années et transforment la petite résidence de l'évêque en un fastueux palais entouré d'imposantes fortifications.

Le pape Benoît XII confie à l'architecte Pierre Poisson la construction du « Palais vieux ». Le bâtiment a l'aspect sévère d'une forteresse ; il s'organise autour d'une cour fermée ; il est doté de tours élevées à chaque extrémité. Le pape Clément VI poursuit les travaux et commande à l'architecte Jean de Louvres le « Palais neuf », un deuxième édifice, plus élégant et luxueux. Il charge une équipe de peintres italiens et français de couvrir les murs de fresques.

La plus belle pièce du château est la « chambre du Cerf », le cabinet de travail de Clément VI, situé dans la tour des Anges. Fait exceptionnel, elle n'est pas décorée d'images religieuses mais d'une magnifique fresque qui représente des scènes de chasse et de pêche très réalistes.

MOTIVÉ !

En 1348, Clément VI achète la cité d'Avignon à la reine Jeanne de Naples, pour 80000 florins d'or.

HALLUCINANT !

À partir de 1378, l'Église catholique est divisée, avec un pape à Rome et un antipape à Avignon. Un troisième pape est même élu à Pise en 1409.

CHRONO

LES 9 PAPES D'AVIGNON

- 1305-1314 : Clément V
- 1316-1334 : Jean XXII
- 1334-1342 : Benoît XII
- 1342-1352 : Clément VI
- 1352-1362 : Innocent VI

LA CLASSE !

Appelée « Grand Tinel », la salle des festins frappe par ses imposantes dimensions : 48 mètres de long sur 10 mètres de large. C'est là que les cardinaux se rassemblaient pour élire le pape.

Le palais des Papes couvre une vaste surface de 15 000 m². Son entrée monumentale, la porte des Champeaux, appartient au Palais neuf. Elle porte les armoiries du pape Clément VI, dit le Magnifique.

SYMPA !

La cour papale d'Avignon attire énormément de monde, comme Pétrarque (1304-1374), le célèbre poète et humaniste italien.

362-1370 Urbain V

1370-1378 Grégoire XI

1378-1394 Clément VII (antipape)

1394-1423 Benoît XIII (antipape)

MIAM !

Malade depuis longtemps, Clément V meurt après avoir ingurgité un plat d'émeraudes pilées... destiné à le guérir.

Les tours de La Rochelle

Gardiennes du port

- **période :** Moyen Âge
- **début des travaux :** vers 1350
- **site :** La Rochelle, en Charente-Maritime
- **fortifications**

HALLUCINANT !

La tour Saint-Nicolas renferme un labyrinthe d'escaliers et de couloirs aménagé dans l'épaisseur des murs.

DUR !

La tour de la Lanterne servait aussi de prison, comme en témoignent les 600 graffitis laissés par les prisonniers, notamment des corsaires britanniques, hollandais et espagnols.

Ouverte sur l'océan Atlantique, la ville de La Rochelle possède un célèbre port fortifié. Les trois tours qui subsistent datent des XIVe et XVe siècles. La tour de la Chaîne et la tour Saint-Nicolas protégeaient l'entrée du port. Elles étaient reliées par une énorme chaîne sous-marine que les Rochelais remontaient et tendaient en travers du chenal lorsqu'ils voulaient fermer le port.

Solide cylindre de pierre, la tour de la Chaîne mesure 15 mètres de diamètre et 20 mètres de haut. Encore plus imposante, la tour Saint-Nicolas atteint 42 mètres de haut. Elle symbolise la puissance et la richesse de La Rochelle. De la tour de la Chaîne part la « rue sur les Murs », un bout de muraille qui mène à la tour de la Lanterne. Surmontée d'une flèche, celle-ci culmine à 70 mètres. Elle servait de phare.

ZOOM — PORTS TYPIQUES

- **Vieux-Port de Marseille (Méditerranée)**
- **Saint-Malo (Manche)**
- **Saint-Tropez (Méditerranée)**
- **Honfleur (Manche)**

- **période :** Moyen Âge
- **début des travaux :** 1388
- **site :** Béthune, dans le Pas-de-Calais
- tour **municipale**

Le beffroi de Béthune

Tout en hauteur

Un beffroi est une tour de pierre renfermant une charpente en bois assez solide pour supporter des cloches. Au Moyen Âge, il symbolise l'autonomie de certaines villes car il abrite deux trésors : la charte qui liste les libertés municipales accordées par le seigneur local et la « bancloque », la cloche qui annonce les réunions municipales.

En 1346, une charte seigneuriale accorde à la ville de Béthune le droit d'élever un beffroi. Construit à partir de 1388, le monument actuel atteint 50 mètres de haut. Il est surmonté d'une girouette, un dragon nommé Beffy. Au troisième étage, il possède un impressionnant carillon de 35 cloches qui joue « *La Tyrolienne de Guillaume Tell* » à l'heure pile, « *Le Furet du bois joli* » au quart, « *Le P'tit Quinquin* » à la demie et « *Le Pays d'Artois* » aux trois quarts.

MALIN !

Également tour de guet, le beffroi de Béthune conserva un guetteur jusqu'en 1918. En cas d'incendie ou d'attaque, ce dernier donnait l'alarme grâce aux cloches.

AH BON ?

Le beffroi marque doublement le temps car, au-dessus du carillon, se trouve une grosse horloge à quatre cadrans.

ZOOM

BEFFROIS DU NORD

- Douai **57 m**
- Calais **72 m**
- Arras **75 m**
- Lille **104 m**

- **période :** Moyen Âge
- **début des travaux :** 1443
- **site :** Bourges, dans le Cher
- résidence **privée**

Le palais Jacques-Cœur

Le joyau de Bourges

Personnage hors-norme, Jacques Cœur est à la fois marchand, négociant international, homme d'affaires, homme d'État et argentier (chargé des finances) du roi de France Charles VII. Extrêmement riche, il se fait construire à Bourges, sa ville natale, une « grand maison », de style gothique tardif.

Ce bâtiment du xve siècle s'organise autour d'une cour intérieure. Plutôt confortable, il dispose de hautes fenêtres pour s'éclairer, de grandes cheminées pour se chauffer, d'étuves pour se laver... Jacques Cœur l'a fait décorer d'une multitude de sculptures, de peintures et de vitraux aux motifs symboliques : un cerf volant et des fleurs de lys attestent de sa fidélité à Charles VII ; des bateaux et des arbres exotiques évoquent ses voyages en Orient, du côté d'Alexandrie, de Beyrouth et de Damas ; l'Annonciation à Marie rappelle sa foi catholique.

LA STAR

Dans tout le palais, Jacques Cœur a laissé ses armoiries : des coquilles Saint-Jacques et des cœurs. Il a aussi inscrit sa devise : « À cœur vaillant, rien d'impossible ».

DUR !

Jacques Cœur n'a jamais vu son palais fini car Charles VII l'a banni en 1453, pour crime de lèse-majesté.

ZOOM PALAIS

- **1365** palais des ducs de Bourgogne, à Dijon
- **1559** palais des ducs de Savoie, à Nice
- **1615** palais du Luxembourg, à Paris
- **1718** palais de l'Élysée, à Paris

Les hospices de Beaune

Au service des malades

- **période :** Moyen Âge
- **début des travaux :** 1443
- **site :** Beaune, en Côte-d'Or
- **hôpital**

Chancelier du duc de Bourgogne Philippe le Bon, Nicolas Rolin est un homme puissant, à la tête d'une immense fortune. Mais, à 64 ans, il s'interroge : comment gagner sa place au paradis ? Avec sa femme, Guigone de Salins, il décide de créer les hospices de Beaune, un hôtel-Dieu pour recevoir les malades et les pauvres.

Inauguré en 1451, cet hôpital de style gothique flamboyant est le plus bel édifice de la ville. Il possède notamment une extraordinaire toiture de tuiles vernissées qui forment des motifs géométriques multicolores. À l'intérieur, se trouvent la « salle des pôvres » – un vaste dortoir de 30 lits –, une cuisine, un laboratoire médical, une pharmacie, une chapelle… Les hospices de Beaune abritent même un chef-d'œuvre : le polyptyque du Jugement dernier, réalisé par le peintre flamand Rogier Van der Weyden.

RESPECT !

Nicolas Rolin et Guigone de Salins confient le soin des malades à des religieuses catholiques, les sœurs hospitalières de Beaune.

MALIN !

Les hospices ont cessé leur activité hospitalière en 1971, pour devenir un musée. Mais l'argent des visites sert toujours à financer des structures médicales.

CHRONO EXPRESS

- **1443** acte fondateur
- **1451** inauguration
- **1658** visite de Louis XIV
- **1971** reconversion en musée

- **période :** Renaissance
- **début des travaux :** 1498
- **site :** Blois, dans le Loir-et-Cher
- résidence **royale** ; château de la **Loire**

Le château de Blois

Un mélange de styles

Lorsqu'il monte sur le trône de France, en 1498, Louis XII entreprend la reconstruction complète de sa résidence natale, le vieux château de Blois. Il crée l'« aile Louis XII », un bâtiment de brique et de pierre qui mêle tradition gothique et influence italienne.

Le successeur de Louis XII, François Ier, décide de créer l'« aile François Ier », un bâtiment tout en pierre, de style Renaissance. Sa façade extérieure, dite « des Loges », multiplie les ouvertures : deux étages de balcons, surmontés d'une galerie à colonnes. Sa façade intérieure est célèbre pour son escalier à vis monumental, agrémenté de balcons ouvragés qui servaient de tribunes lors des fêtes. En 1635, le nouveau maître des lieux, Gaston d'Orléans, élève un troisième bâtiment, de style classique, l'« aile Gaston d'Orléans ».

LA CLASSE !

Du vieux château, il reste notamment la grande « salle des États », datée de 1214. Elle constitue un magnifique exemple d'architecture gothique civile.

MALIN !

Le « studiolo » servait de cabinet privé. Ses murs sont recouverts de panneaux de bois sculpté qui dissimulent 4 placards secrets.

CHRONO

FAITS MARQUANTS

- **1429** : venue de Jeanne d'Arc et bénédiction de son étendard
- **1588** : assassinat du duc de Guise
- **1589** : mort de Catherine de Médicis
- **1619** : évasion de Marie de Médicis

Le château de Chenonceau

Le favori des Dames

- **période :** Renaissance
- **début des travaux :** 1513
- **site :** Chenonceaux, en Indre-et-Loire
- résidence **royale** ; château de la **Loire**

Baigné par les eaux calmes du Cher, qui renvoient son élégant reflet, le château de Chenonceau évoque la Renaissance dans toute sa splendeur. Il témoigne aussi de la rivalité entre Catherine de Médicis et Diane de Poitiers.

Bâti en 1513 par les époux Bohier, le château revient à François Ier en 1535, puis à son fils Henri II. Ce dernier est marié à Catherine de Médicis, mais il brûle d'amour pour la splendide Diane de Poitiers et lui offre le château. Diane l'agrémente de beaux jardins et y ajoute un pont sur le Cher. Humiliée, Catherine de Médicis vit mal la situation. En 1559, à la mort d'Henri II, elle prend sa revanche et récupère le château. Elle continue de l'embellir et couvre le pont d'une grande galerie, longue de 60 mètres. Elle fait de Chenonceau un lieu de plaisirs où sont organisées des fêtes somptueuses.

SYMPA !

En 1560, Chenonceau accueille une « fête antique » en l'honneur de François II et Marie Stuart. Le parc est décoré d'arcs de triomphe, d'obélisques et de colonnes.

DUR !

Après l'assassinat d'Henri III, en 1589, Louise de Lorraine s'enferme à Chenonceau et peint toute sa chambre en noir.

ZOOM QUELQUES CHÂTEAUX DE LA LOIRE

Ussé · Azay-le-Rideau · Villandry · Amboise · Cheverny

- **période :** Renaissance
- **début des travaux :** 1519
- **site :** Chambord, dans le Loir-et-Cher
- résidence **royale** ; château de la **Loire**

Le château de Chambord

L'écrin de François Ier

Roi de France tout-puissant, François Ier ordonne la construction de son château idéal en 1519. Le site choisi, à la lisière de la forêt de Chambord, n'est pas commode. Les ouvriers pataugent dans un terrain marécageux malsain et beaucoup meurent de la fièvre. Pourtant, ils sortent de terre le plus grand et le plus surprenant des châteaux de la Loire.

Avec son donjon central, son enceinte, ses tours d'angle et ses douves, l'édifice suit le plan classique d'un château fort. Mais il mêle à cette base médiévale des éléments architecturaux typiques de la Renaissance, comme la symétrie des bâtiments, l'agencement rectiligne des façades, l'agrandissement des fenêtres, les plafonds à caissons, etc.

De plus, le château possède deux créations particulièrement originales : une terrasse fantaisie et un escalier à double révolution. Situé au cœur du donjon, ce dernier permet à une personne qui descend de ne pas croiser une personne qui monte. Il est attribué au grand ami de François Ier, le génial Léonard de Vinci.

LA STAR

Dans tout le château, François Ier laisse sa marque : son monogramme « F » et son emblème, la salamandre.

SYMPA !

François Ier adore la chasse. Il constitue autour du château un grand parc forestier, riche en gibier : cerfs, chevreuils, sangliers…

TOUT EN CHIFFRES

- **longueur de la façade** **128 m**
- **nombre de pièces** **440**
- **nombre d'escaliers** **77**
- **nombre de cheminées** **282**

Surmontée de lanternons, de cheminées ouvragées, de tourelles et de lucarnes sculptées, la terrasse du donjon est une source d'émerveillement. Elle offre aux promeneurs un décor spectaculaire, une sorte de village céleste.

RESPECT !

L'escalier à double révolution se termine par une tour lanterne qui culmine à 32 mètres. Au sommet trône une fleur de lys, symbole de la monarchie française.

LE **DÉTAIL** QUI TUE

La cour de François Ier est itinérante. Le roi n'aurait séjourné à Chambord que 42 jours ! La plupart du temps, le château est donc vide, sans occupants ni meubles.

superficie du parc
5440 ha

enceinte du parc
32 km

nombre de visiteurs en 2013
751640

MOTIVÉS !

François Ier termine le donjon vers 1539 et l'aile est en 1544, mais il meurt en 1547, avant la fin des travaux. Ce sont Henri II et Louis XIV qui les achèvent.

Le château de Fontainebleau

Au cœur de la forêt

- **période :** Renaissance
- **début des travaux :** 1528
- **site :** Fontainebleau, en Seine-et-Marne
- résidence **royale**
- espace **culturel - musée**

Grand chasseur, François Ier adore traquer « les bêtes noires et les bêtes rousses » dans la forêt de Fontainebleau. Comme il réside souvent sur place, en 1528, il décide de remplacer la vieille forteresse médiévale par un palais raffiné sur le modèle de ceux qu'il a vus en Italie. Il ordonne notamment la création de la fameuse « galerie François Ier », longue de 60 mètres et large de 6 mètres, somptueusement décorée par le maître italien Rosso Fiorentino.

Les successeurs de François Ier poursuivent l'embellissement du château : salle de bal sous Henri II, escalier en fer-à-cheval sous Louis XIII, boudoir de la reine sous Louis XVI, etc. Ils y organisent des cérémonies, des fêtes et toutes sortes de divertissements : chasse, jeu de paume, canotage sur l'étang, jeux de société, représentations théâtrales, concerts…

Pendant la Révolution, le château est vidé et très dégradé, mais Napoléon Ier le remeuble entièrement et lui rend tout son lustre. Napoléon III y ajoute un théâtre et un précieux musée chinois.

AH BON ?

Seul vestige du château médiéval, le donjon dit « de Saint-Louis » donne sur la Cour ovale, située à l'emplacement du premier château.

SYMPA !

Au rez-de-chaussée de la galerie François Ier se trouvait l'appartement des bains, consacré aux soins et aux plaisirs du corps.

CHRONO – FAITS MARQUANTS

- **1539** : séjour de Charles Quint
- **1551** : naissance d'Henri III
- **1606** : baptême de Louis XIII
- **1685** : édit de Fontainebleau ou révocation de l'édit de Nantes

LA **CLASSE !**

La galerie des Cerfs date d'Henri IV. Elle est ornée de têtes de cerfs et de fresques qui représentent les principaux châteaux royaux, entourés de leurs forêts.

SÉQUENCE **ÉMOTION**

Après son abdication, Napoléon Ier salue une dernière fois la Garde impériale le 20 avril 1814. L'événement se passe au château, dans la cour dite « des Adieux ».

Construit en 1634, par Jean Androuet du Cerceau, le célèbre escalier en fer-à-cheval est le symbole du château de Fontainebleau. Il descend dans la cour d'Honneur, également appelée cour du Cheval blanc ou cour des Adieux.

1725 — mariage de Louis XV et Marie Leszczynska

1812 — captivité du pape Pie VII

1861 — ambassade du roi de Siam

QUEL **TALENT !**

Pour décorer son château, François Ier fait également appel au Primatice, un créateur italien génial, doué en peinture, en sculpture et en architecture.

- **période :** de la Renaissance au XXe siècle
- **début des travaux :** 1546
- **site :** Paris
- résidence **royale**
- espace **culturel - musée**

Le palais du Louvre

Des siècles d'histoire

La construction de l'édifice actuel s'étend sur plusieurs siècles. En 1546, François Ier charge Pierre Lescot de remplacer l'ancienne forteresse médiévale par un palais Renaissance ; ce dernier crée l'aile Lescot. Viennent ensuite la Grande Galerie d'Henri IV ; la Cour carrée, la colonnade de Perrault et la galerie d'Apollon de Louis XIV ; l'aile Richelieu et l'aile Denon de Napoléon III ; la pyramide de François Mitterrand.

Autrefois demeure des rois, le palais du Louvre devient musée public pendant la Révolution ; l'inauguration a lieu le 10 août 1793. De nos jours, il abrite une multitude de collections : des tableaux, dont *La Joconde* de Léonard de Vinci ; des statues, dont la *Vénus de Milo* ; des antiquités orientales, égyptiennes, grecques et romaines ; des objets d'art, comme les joyaux de la Couronne.

AH BON ?

En 1984-1985, des archéologues ont retrouvé les fondations de la forteresse médiévale, construite par Philippe Auguste vers 1190.

LA CLASSE !

Ultime création architecturale, la pyramide de verre imaginée par Ieoh Ming Pei trône depuis 1989 au centre de la cour Napoléon.

TOUT EN CHIFFRES

- Pièces : **403**
- œuvres conservées : **460 000**
- œuvres exposées : **38 000**
- visiteurs en 2013 : **9,33 millions**

Le château de Chantilly

Le domaine des princes

période : Renaissance
début des travaux : vers 1560
site : Chantilly, dans l'Oise
résidence **princière**
espace **culturel** - **musée**

Baigné par les eaux calmes de la Nonette, le château de Chantilly doit son apparence actuelle à trois grands princes. Le premier, le connétable Anne de Montmorency, rénove le « Grand Château » médiéval et y ajoute le « Petit Château », un bâtiment de style Renaissance, bâti vers 1560, par l'architecte Jean Bullant. Le deuxième, le Grand Condé, consacre sa fortune à l'embellissement du domaine et demande au jardinier Le Nôtre d'aménager les jardins.

Le troisième, le duc d'Aumale, s'attelle à reconstruire le « Grand Château », totalement rasé pendant la Révolution. Le nouvel édifice date de 1875, mais l'architecte Honoré Daumet lui donne un style Renaissance, comme celui du « Petit Château ». Le duc d'Aumale en fait l'écrin de ses importantes collections de tableaux et de livres rares, à l'origine du musée Condé.

LA CLASSE !

En 1719, Louis-Henri de Bourbon-Condé dote le domaine de Grandes Écuries, un véritable palais pour les chevaux.

SYMPA !

Au XVIIIe siècle, Louis-Joseph de Bourbon-Condé fait construire dans le parc le Hameau, 7 jolies chaumières consacrées aux loisirs.

ZOOM

TRÉSORS DU MUSÉE CONDÉ

- ***Les Trois Grâces*, de Raphaël**
- ***Portrait de Simonetta Vespucci*, de Piero di Cosimo**
- ***Très Riches Heures du duc de Berry*, des frères de Limbourg**
- ***Grand Condé*, diamant rose de 9,01 carats**

- **période :** Grand Siècle
- **début des travaux :** 1656
- **site :** Maincy, en Seine-et-Marne
- résidence **privée**

Le château de Vaux-le-Vicomte

À la gloire de Fouquet

Le 17 août 1661, le surintendant des Finances Nicolas Fouquet inaugure en grande pompe son château de Vaux-le-Vicomte, un chef-d'œuvre de l'architecture classique, conçu et réalisé par les meilleurs spécialistes de l'époque : l'architecte Louis Le Vau, le peintre-décorateur Charles Le Brun et le jardinier-paysagiste André Le Nôtre. Entre autres originalités, l'édifice possède une grande rotonde qui abrite une magnifique salle de réception ovale, haute de 18 mètres, ouverte sur le jardin.

Pour l'occasion, Nicolas Fouquet reçoit le roi Louis XIV et la cour. La fête est particulièrement somptueuse : féerie des eaux, souper fin, représentation des *Fâcheux*, une comédie-ballet de Molière et Lully, feu d'artifice… Mais cet étalage de luxe déplaît au roi, qui vit très mal la montée en puissance du surintendant.

LA STAR

Pour organiser cette fête exceptionnelle, Nicolas Fouquet s'appuie sur son maître d'hôtel, le dévoué et talentueux François Vatel.

LA HAINE !

Ne supportant pas que Nicolas Fouquet lui fasse de l'ombre, Louis XIV ordonne sa chute. Il le fait arrêter le 5 septembre 1661 et le condamne au cachot à vie !

CHRONO EXPRESS

- **1641** achat du domaine
- **1653** aménagement du parc
- **1656** début de la construction du château
- **1661** fin des travaux

La Corderie royale

La fierté de Rochefort

- **période :** Grand Siècle
- **début des travaux :** 1666
- **site :** Rochefort, en Charente-Maritime
- bâtiment **industriel**
- espace **culturel - musée**

DUR !

La corderie cesse son activité en 1867, car les câbles d'acier rendent les cordages inutiles.

SYMPA !

Abandonnée, puis restaurée, la corderie rouvre ses portes en 1985, pour accueillir un musée : le Centre International de la Mer.

Désireux d'imposer sa volonté sur terre comme sur mer, Louis XIV confie à son ministre Jean-Baptiste Colbert la création d'une puissante flotte de guerre. Mais pour construire des navires, il faut des arsenaux. Jean-Baptiste Colbert décide d'en établir un à Rochefort, au bord de la Charente, à 23 km de l'océan Atlantique.

Bâtie entre 1666 et 1669 par l'architecte François Blondel, la corderie est l'une des premières et des principales structures de l'arsenal. Elle sert à la fabrication des cordages, en chanvre. Tout en longueur, elle s'étire sur 374 mètres et permet la production de cordages d'une encablure – environ 200 mètres – d'un seul tenant ! À ses extrémités, se trouvent le pavillon nord, réservé au stockage du chanvre, et le pavillon sud, dédié au goudronnage des cordages, étape indispensable pour les imperméabiliser.

ZOOM

À VOIR AU MUSÉE

- **l'exposition permanente « Corderie et cordages »**
- **l'atelier matelotage, pour tout savoir sur les nœuds marins**
- **la librairie maritime**

- **période :** Grand Siècle
- **début des travaux :** 1668
- **site :** Versailles, dans les Yvelines
- résidence **royale**

Le château de Versailles

La demeure du Roi-Soleil

Simple rendez-vous de chasse sous Louis XIII, le château de Versailles devient le centre resplendissant de la monarchie absolue sous Louis XIV, surnommé le Roi-Soleil. À partir de 1668, les architectes Louis Le Vau et Jules Hardouin-Mansart enchaînent les travaux et créent un immense édifice de style classique. La chambre du roi se trouve au cœur du château. Elle donne sur la cour de Marbre et s'adosse à la fameuse galerie des Glaces.

Dirigé par le jardinier André Le Nôtre, l'aménagement du parc célèbre le triomphe du jardin à la française : plan géométrique, belles perspectives, bassins et jets d'eau, parterres savamment dessinés…

Louis XIV s'installe définitivement à Versailles en 1682. Louis XV et Louis XVI y restent et font quelques aménagements. Louis XV ordonne la construction de l'Opéra et du Petit Trianon, un joli pavillon destiné à ses favorites, madame de Pompadour et madame Du Barry. Louis XVI, lui, offre à la reine Marie-Antoinette, le Hameau, un charmant village de 11 maisonnettes.

MOTIVÉ !

La construction du château nécessite des travaux gigantesques. Quelque 36 000 ouvriers travaillent sur le chantier et les accidents sont nombreux.

MALIN !

Dans le parc, Louis XIV fait bâtir le Grand Trianon, un petit palais de marbre rose, réservé à sa vie privée.

CHRONO EXPRESS

- **1631-1634** : petit château de Louis XIII
- **1668-1671** : enveloppe autour du petit château
- **1678-1684** : galerie des Glaces
- **1678-1689** : aile du Midi et aile du Nord

LA **CLASSE** !

Avec ses 73 mètres de long, ses 357 miroirs et ses peintures de Charles Le Brun, la galerie des Glaces forme un ensemble somptueux. Elle servait de lieu de passage et de cadre aux grandes cérémonies.

Le château de Versailles compte aujourd'hui 2300 pièces, réparties sur 63154 m^2. Il possède 2 143 fenêtres, 352 cheminées et 67 escaliers. Il domine un vaste parc de 830 hectares, desservi par 43 kilomètres d'allées.

AH **BON** ?

La chapelle royale mesure 25 mètres de haut. La famille royale se tenait au premier étage, la cour au rez-de-chaussée.

87-1688
Grand Trianon

1762-1768
Petit Trianon

1770
inauguration de l'Opéra

SYMPA !

Une véritable flotte naviguait sur le Grand Canal, long de 1670 mètres. Le roi pouvait y admirer des modèles réduits de la marine royale et même des gondoles vénitiennes.

Neuf-Brisach

L'étoile de Vauban

- **période :** Grand Siècle
- **début des travaux :** 1698
- **site :** Neuf-Brisach, dans le Haut-Rhin
- **fortifications**

En 1697, le roi de France Louis XIV perd la ville fortifiée de Brisach, sur la rive droite du Rhin. Pour protéger sa frontière, il doit donc créer une nouvelle forteresse. Il confie le projet à Sébastien Le Prestre, marquis de Vauban, son meilleur ingénieur militaire.

Vauban lance les travaux en 1698, sur la rive gauche du Rhin, en face de Brisach. En quelques années, il édifie et fortifie une ville entière : Neuf-Brisach. Cette place forte exceptionnelle suit un plan strictement géométrique : une zone de vie octogonale, entourée d'une double enceinte en étoile. La zone de vie est organisée et quadrillée : place d'Armes centrale, 48 îlots regroupant des bâtiments administratifs et militaires, des entrepôts et des habitations civiles, casernes le long des remparts, rues droites facilitant la circulation…

MALIN !

Les fortifications se composent d'une enceinte de sûreté, comprenant 8 tours et 4 portes, et d'une enceinte de combat, avec des bastions détachés.

LA STAR

48 sièges et 48 victoires, 130 places fortes consolidées, 33 forteresses créées… voilà des chiffres qui expriment bien le génie de Vauban.

ZOOM

FORTERESSES DE VAUBAN

- **Saint-Martin-de-Ré, en Charente-Maritime**
- **Mont-Louis, dans les Pyrénées-Orientales**
- **Mont-Dauphin, dans les Hautes-Alpes**
- **Briançon, dans les Hautes-Alpes**

- **période :** siècle des Lumières
- **début des travaux :** 1752
- **site :** Nancy, en Meurthe-et-Moselle
- **place**

La place Stanislas

La splendeur de Nancy

Stanislas Leszczynski, ancien roi de Pologne, devenu duc de Lorraine en 1737, décide d'aménager la place Stanislas pour honorer et glorifier son gendre, le roi de France Louis XV. Il veut aussi regrouper les services administratifs et les lieux de divertissement de Nancy.

Stanislas commence les travaux en 1752, sous la direction de l'architecte Emmanuel Héré. L'inauguration a lieu trois ans et demi plus tard, le 26 novembre 1755. Le résultat est spectaculaire. La place mesure 124 mètres sur 106. Elle est bordée d'élégants pavillons de style classique : l'hôtel de ville, le pavillon Jacquet, l'Opéra, etc. Ces bâtiments sont reliés par d'éblouissantes grilles de fer forgé, réalisées par Jean Lamour. Au nord, se trouvent également deux fontaines de style rococo et une porte monumentale, l'arc Héré.

BIEN DIT !

Les grilles de Jean Lamour sont de vraies œuvres d'art, dorées à l'or fin. Elles font de Nancy « la ville aux portes d'or ».

AH BON ?

À l'origine, une statue de Louis XV occupait le centre de la place, mais elle n'a pas survécu à la Révolution. Elle a été remplacée par une statue de Stanislas.

ZOOM

GRANDES PLACES

- les Quinconces, à Bordeaux **12 hectares**
- la Concorde, à Paris **8,4 hectares**
- Bellecour, à Lyon **6,2 hectares**
- le Capitole, à Toulouse **2 hectares**

La Saline royale

La manufacture d'Arc-et-Senans

- **période :** siècle des Lumières
- **début des travaux :** 1775
- **site :** Arc-et-Senans, dans le Doubs
- bâtiment **industriel**

Manufacture destinée à la production de sel, la Saline royale naît de la volonté du roi Louis XV. Construite entre 1775 et 1779, elle est le chef-d'œuvre de Claude-Nicolas Ledoux, un architecte visionnaire du siècle des Lumières.

Une canalisation de 21 km, appelée « saumoduc », transportait la saumure (eau salée) de Salins-les-Bains, le lieu de récupération, à Arc-et-Senans, le lieu de transformation. Conçue en arc de cercle, la manufacture de Ledoux fonctionnait comme un tout : elle abritait à la fois les installations techniques, les bâtiments administratifs et les habitations des ouvriers. Signe de puissance, la prestigieuse Maison du directeur trône au centre du site. De chaque côté, s'étirent les « Bernes », les ateliers de cuisson où les ouvriers chauffaient la saumure pour en extraire le sel.

MIAM !

À cette époque, le sel sert à la conservation de certains aliments, comme la viande et le poisson. C'est donc une denrée essentielle, surnommée « l'or blanc ».

SYMPA !

La Saline royale cesse son activité en 1895. Abandonnée, endommagée, puis restaurée, elle abrite aujourd'hui un centre culturel et un musée consacré à Ledoux.

ZOOM

PATRIMOINE INDUSTRIEL

- **Grande forge de Buffon (Côte-d'Or)**
- **Centre historique minier de Lewarde (Nord)**
- **musée de la Mine de Saint-Étienne (Loire)**
- **Usine des eaux de Caluire-et-Cuire (Rhône)**

- **période :** Premier Empire
- **début des travaux :** 1806
- **site :** Paris
- lieu de **mémoire**

L'Arc de Triomphe

Le symbole de la patrie

Depuis l'Antiquité romaine, les puissants aiment célébrer leurs exploits en érigeant des arcs de triomphe. L'empereur Napoléon Ier n'échappe pas à la règle. En 1806, il charge l'architecte Jean-François-Thérèse Chalgrin de construire l'arc de triomphe de l'Étoile, en haut de l'avenue des Champs-Élysées, pour commémorer son éclatante victoire à la bataille d'Austerlitz.

Tout en pierre, cet arc grandiose est décoré de nombreuses sculptures qui exaltent l'engagement militaire et la défense de la patrie. Quatre reliefs imposants animent ses piliers : *Le Départ des volontaires de 1792*, également appelé *La Marseillaise*, de François Rude, *Le Triomphe de 1810* de Jean-Pierre Cortot, *La Résistance de 1814* et *La Paix de 1815* d'Antoine Etex. Une terrasse accessible au public occupe son sommet, à 50 mètres de hauteur !

RESPECT !

Sur les parois sont gravés les noms de 128 batailles et de 660 officiers de la Révolution et de l'Empire.

SÉQUENCE ÉMOTION

Sous l'Arc de Triomphe se trouvent la tombe du Soldat inconnu et la Flamme du souvenir, qui brûle en permanence. Elles rappellent le sacrifice des combattants morts pour la France.

ZOOM ARCS

- **1691** la porte du Peyrou, à Montpellier
- **1807** le Carrousel du Louvre, à Paris
- **1825** la porte d'Aix, à Marseille
- **1985** la Grande Arche de la Défense, à Puteaux

- **période :** Second Empire
- **début des travaux :** 1861
- **site :** Paris
- **Opéra** ; espace culturel

Le palais Garnier

L'Opéra de Paris

En 1861, Napoléon III confie à l'architecte Charles Garnier la construction d'un nouvel Opéra parisien. Celui-ci sort de terre un énorme bâtiment, véritable chef-d'œuvre du « mouvement éclectique », qui mélange plusieurs styles. L'inauguration a lieu le 5 janvier 1875, sous la IIIe République.

Garnier fait de ce « temple de l'art lyrique » un spectacle en soi. La façade principale croule sous les ornements : arcades, sculptures, colonnes, frontons, frises… Elle est surmontée d'une coupole verte en cuivre, sur laquelle se dresse une statue d'Apollon brandissant sa lyre.

À l'intérieur, tout resplendit, illuminé par une multitude de lustres et de torchères. Un extraordinaire escalier d'honneur, tout en marbres précieux, conduit à une somptueuse salle de spectacle, couverte de velours rouge et d'or. Celle-ci compte 2013 places, réparties sur 5 niveaux. De son plafond pend un lustre de cristal et de bronze qui pèse 8 tonnes ! L'édifice abrite aussi des salons et des galeries d'apparat, dont le grand foyer, dédié à la flânerie et aux mondanités.

LA STAR

Âgé de 35 ans et quasiment inconnu, Charles Garnier se distingue parmi 171 concurrents et remporte, à la surprise de tous, le concours de l'Opéra lancé par l'empereur.

MALIN !

Le sous-sol de l'Opéra cache un « lac », ou plutôt une immense cuve fabriquée par Garnier pour récupérer les eaux d'infiltration qui gorgent le terrain.

TOUT EN CHIFFRES

- **longueur** **173 m**
- **largeur** **125 m**
- **surface totale** **11 237 m²**
- **hauteur de l'escalier d'honneur** **30 m**

LA **CLASSE** !

Particulièrement vaste, la scène de l'Opéra couvre une superficie de 1200 m^2. Derrière se trouve le « foyer de la danse », réservé aux répétitions du corps de ballet.

HALLUCINANT !

Le grand lustre tombe en pleine représentation, un machiniste meurt pendu… ces événements étranges se produisent dans le roman fantastique publié par Gaston Leroux en 1910, *Le Fantôme de l'Opéra* !

La musique et la danse imprègnent tout le décor du palais Garnier, comme le prouvent les quatre grandes sculptures de la façade : *L'Harmonie* de Jouffroy, *La Musique instrumentale* de Guillaume, *La Danse* de Carpeaux et *Le Drame lyrique* de Perraud.

hauteur de la salle de spectacle
20 m

longueur du grand foyer
54 m

taille de la statue d'Apollon
7,5 m

QUEL **TALENT** !

Depuis 1964, une peinture de Marc Chagall orne le plafond de la salle de spectacle. Elle illustre des opéras et des ballets célèbres.

- **période :** IIIe République
- **début des travaux :** 1872
- **site :** Lyon, dans le Rhône
- lieu de **culte**
- basilique **romano-byzantine**

Notre-Dame de Fourvière

L'âme de Lyon

Le 19 juillet 1870, la guerre éclate entre la France et la Prusse. Inquiets, les Lyonnais s'engagent à édifier une basilique dédiée à la Vierge Marie, si la ville est épargnée. L'archevêque formule solennellement ce vœu le 8 octobre 1870...

Lyon ayant échappé aux Prussiens, les travaux commencent en 1872, sur la colline de Fourvière. Les architectes Pierre Bossan et Louis Sainte-Marie-Perrin créent un édifice de style « romano-byzantin », plutôt sobre à l'extérieur, mais exubérant à l'intérieur. Du sol au plafond, des sculptures, des vitraux et surtout des mosaïques resplendissent d'or et de couleurs. L'espace supérieur est entièrement consacré à Marie ; dans le chœur trône une statue de la Vierge portant l'Enfant Jésus. L'espace inférieur, c'est-à-dire la crypte, est dédié à Joseph.

LA CLASSE !

Tous les 8 décembre, une « fête des Lumières » commémore l'installation d'une grande statue dorée de la Vierge Marie au sommet de la basilique.

SYMPA !

En remerciement d'un vœu exaucé, les fidèles déposent dans la basilique des ex-voto, notamment des tableaux et des cœurs en argent.

ZOOM BASILIQUES

- **le Sacré-Cœur, à Paris**
- **Notre-Dame-de-la-Garde, à Marseille**
- **l'Immaculée-Conception et Notre-Dame-du-Rosaire, à Lourdes**

- **période :** IIIe République
- **début des travaux :** 1879
- **site :** Hauterives, dans la Drôme
- monument **insolite**

Le Palais idéal

Le rêve fou du facteur Cheval

Ferdinand Cheval vit à Hauterives et exerce le métier de facteur. Un jour d'avril 1879, pendant sa tournée, il trébuche sur une pierre qui retient son attention. Il la garde et décide d'en ramasser d'autres pour construire le palais de ses rêves. À l'aide d'une brouette, Ferdinand Cheval charrie des milliers de pierres ; puis, seul, il élève dans son potager un monument de 10 mètres de haut sur 26 mètres de long.

Il passe pour un fou auprès de ses voisins, mais il s'en moque. Il crée librement, en s'inspirant de la nature, de la mythologie et... des cartes postales qu'il distribue ! Le résultat est stupéfiant : il mêle cascades, grottes, tour, labyrinthe, temple égyptien, mosquée, temple hindou, chalet suisse, crèche, etc. Sur la façade est se dressent trois géants baptisés César, Vercingétorix et Archimède.

MOTIVÉ !

Pour réaliser son incroyable projet, le facteur Cheval a travaillé sans relâche de 1879 à 1912, soit « 10000 journées, 93000 heures, 33 ans d'épreuves ».

EN VO

Le style du Palais idéal est appelé « art brut ». Il désigne une production spontanée, qui échappe aux normes esthétiques convenues.

ZOOM MAISONS INSOLITES

- l'Habitation Robert Tatin, à Cossé-le-Vivien
- la Maison Picassiette, à Chartres
- la Maison bleue, à Dives-sur-Mer
- la Maison de celle qui peint, à Roquevaire

- **période :** IIIe République
- **début des travaux :** 1887
- **site :** Paris
- tour d'**observation** et de **télécommunication**

La tour Eiffel

La dame de fer

Le projet d'une tour de 300 mètres de haut naît à l'occasion de l'Exposition universelle de 1889. Il est confié à l'ingénieur Gustave Eiffel, qui entame les travaux le 28 janvier 1887, sur le Champ-de-Mars. Cette construction constitue une double prouesse : premièrement, elle relève un défi technique car l'édifice est entièrement composé de pièces métalliques fixées par des rivets ; deuxièmement, elle va très vite et se termine le 31 mars 1889.

L'Exposition reçoit des millions de visiteurs et la tour Eiffel connaît un succès immédiat. À cette époque, c'est la tour la plus haute du monde ! Pourtant, une menace plane : l'édifice doit être démonté au bout de 20 ans...

Gustave Eiffel sauve sa « dame de fer » en lui trouvant une utilité : il en fait un support d'antennes au service des télécommunications (radio, télévision). Aujourd'hui, la tour Eiffel porte 120 antennes. Mais, aux yeux du grand public, elle reste avant tout une attraction touristique, avec ses panneaux d'orientation, ses boutiques et ses restaurants.

QUEL TALENT !

La tour Eiffel compte 3 étages, desservis par des escaliers et des ascenseurs. Installés dès 1889, ces derniers font partie des grandes innovations de Gustave Eiffel.

DUR !

Sous l'effet du vent, le sommet de la tour bouge. Lors de la tempête de 1999, il s'est incliné d'environ 13 centimètres !

TOUT EN CHIFFRES

- hauteur (avec antennes) **324 m**
- nombre de marches du pilier est **1665**
- nombre de pièces métalliques **18038**
- nombre de rivets **2500000**

LA STAR

Ingénieur génial, spécialisé dans les charpentes métalliques, Gustave Eiffel a travaillé sur des centaines d'ouvrages, dont le viaduc de Garabit, dans le Cantal, et la statue de la Liberté, à New York.

Célébrissime symbole de Paris, la tour Eiffel attire chaque année quelque 7 millions de visiteurs. Ceux qui n'ont pas le vertige peuvent monter jusqu'au 3e étage – 276 mètres – et jouir d'une vue panoramique exceptionnelle.

LA CLASSE !

La tour Eiffel illumine les nuits parisiennes grâce à 336 projecteurs, 20 000 ampoules scintillantes et 2 faisceaux lumineux portant à 80 km.

poids du fer
7 300 tonnes

poids de la peinture
60 tonnes

poids total
10 100 tonnes

HALLUCINANT !

Rénové en 2014, le premier étage de la tour possède un plancher de verre, entièrement transparent, qui donne l'impression de marcher dans le vide.

- **période :** IIIe République
- **début des travaux :** 1897
- **site :** Paris
- espace **culturel**

Le Grand Palais

Un ciel de verre et d'acier

Le Grand Palais est l'un des plus beaux monuments de Paris. Conçu en 1897 par les architectes Henri Deglane, Albert Louvet, Albert Thomas et Charles Girault, il s'inscrit dans le mouvement éclectique, qui consiste à mêler différents styles. Sa longue façade se compose d'une entrée monumentale et d'une colonnade. Elle est ornée de statues et de deux grandes frises colorées, l'une en grès cérame, l'autre en mosaïque.

Mais son principal atout se trouve à l'intérieur. Il s'agit de sa « nef », un vaste espace vide, aménagé grâce à une impressionnante structure métallique qui supporte une immense verrière, la plus grande d'Europe. Inauguré pour l'Exposition universelle de 1900, le Grand Palais accueille depuis toutes sortes de manifestations : expositions d'art, Salon de l'automobile, Salon du livre, défilés de mode, concerts, mais aussi fête foraine ou patinoire !

LA CLASSE !

La frise en mosaïque représente « Les Grandes Époques de l'Art » : au Cambodge, en Égypte, en Grèce, au Moyen Âge, à la Renaissance, au XVIIe siècle…

QUEL TALENT !

À l'occasion de l'Exposition universelle de 1900, Charles Girault a également construit le Petit Palais, juste en face du Grand Palais.

TOUT EN CHIFFRES

- surface totale **72000 m²**
- surface de la nef **13500 m²**
- poids de la structure en acier **6000 tonnes**
- longueur de la frise en mosaïque **75 m**

période : IIIe République
début des travaux : 1912
site : Paris
grand **magasin**

Les Galeries Lafayette

Sous la coupole, la mode

En 1893, deux cousins alsaciens, Théophile Bader et Alphonse Kahn ouvrent une petite mercerie de 70 m^2, à l'angle de la rue La Fayette et de la rue de la Chaussée-d'Antin. 120 ans plus tard, leur boutique est devenue un « grand magasin » de 70 000 m^2 : les Galeries Lafayette Paris Haussmann.

Conçu dans le style Art nouveau, le bâtiment actuel date de 1912. Il est célèbre pour son immense coupole de verre, créée par Jacques Gruber, et ses splendides balcons dorés, imaginés par Louis Majorelle. À l'origine, un escalier monumental desservait le premier étage, mais il a été démonté en 1974. Véritable « théâtre de la mode », les Galeries Lafayette utilisent ce décor spectaculaire pour mettre en valeur leurs marchandises. Elles attirent chaque année plus de 37 millions de visiteurs et de clients, soit 101 000 personnes par jour.

LA CLASSE !

La coupole culmine à 43 mètres. Sa structure en fer forgé et ses magnifiques vitraux colorés s'inspirent du monde végétal.

HALLUCINANT !

Le 19 janvier 1919, l'aviateur Jules Védrines atterrit sur le toit-terrasse des Galeries Lafayette, qui organisent cet exploit pour épater leur clientèle.

ZOOM

LES GRANDS MAGASINS

- Le Bon Marché, créé en 1852
- Le Bazar de l'Hôtel de Ville (BHV), créé en 1856
- Le Printemps, créé en 1865
- La Samaritaine, créée en 1870, fermée en 2005

- **période :** IIIe République
- **début des travaux :** 1922
- **site :** Paris
- lieu de **culte**
- mosquée **hispano-mauresque**

La Grande Mosquée de Paris

L'architecture musulmane

En face du Jardin des plantes, se dresse un bâtiment blanc, couvert de tuiles vertes : une mosquée de style hispano-mauresque. L'édifice s'organise autour d'une cour intérieure, bordée d'élégantes colonnes et agrémentée d'une grande vasque centrale. Au sud s'étend la salle de prière, surmontée d'une coupole. À l'ouest se dresse le minaret, haut de 33 mètres. La mosquée abrite aussi un joli jardin avec des fontaines, une bibliothèque, une salle de conférences, une école coranique, un hammam, un salon de thé, un restaurant...

L'idée de construire une mosquée à Paris se concrétise après la Première Guerre mondiale, en hommage aux milliers de musulmans morts sur les champs de bataille pour défendre la France. Le maréchal Lyautey assiste à la pose de la première pierre, le 19 octobre 1922.

LA CLASSE !

Les murs intérieurs sont décorés de mosaïques colorées et de frises sculptées qui allient motifs géométriques et entrelacs végétaux.

SYMPA !

Classée monument historique, la Grande Mosquée de Paris se visite : elle accueille les non-musulmans toute la semaine, sauf le vendredi, jour de la prière.

CHRONO EXPRESS

- **1922** début des travaux
- **1926** inauguration
- **1983** inscription aux monuments historiques
- **2011** couverture amovible de la cour

période : IIIe République
début des travaux : 1924
site : Limoges, en Haute-Vienne
gare ferroviaire

La gare des Bénédictins
La vitrine de Limoges

Avec la révolution industrielle, le train devient le principal moyen de transport sur les longues distances. Dès lors, toutes les grandes villes de France veulent une gare digne de leur rang. Limoges n'échappe pas à la règle et lance la construction d'une gare monumentale en 1924. Conçu par l'architecte Roger Gonthier, l'édifice repose sur une plate-forme, au-dessus des voies. Il est constitué d'une ossature en béton armé, habillée de pierre et de plâtre.

La gare de Limoges possède deux éléments typiques : un grand dôme qui surplombe le hall principal et un campanile, haut de 57 mètres. Elle jouit aussi d'un décor soigné : des vitraux de Francis Chigot représentent des feuillages de chêne et de châtaignier, la végétation du Limousin ; des sculptures de Henri-Frédéric Varenne évoquent les activités de la gare et de la ville.

LA CLASSE !

De chaque côté de l'entrée, deux grandes statues féminines symbolisent la porcelaine et l'émail, les spécialités de Limoges.

AH BON ?

Au sommet du mur nord, une tête de Mercure, le dieu romain des voyageurs, domine le monogramme « PO » de la Compagnie du chemin de fer de Paris à Orléans.

ZOOM
GARES MONUMENTALES

- gare de Lyon, à Paris
- gare de Metz-Ville
- gare de Tours
- gare de Marseille-Saint-Charles

- **période :** IIIᵉ République
- **début des travaux :** 1930
- **site :** Alsace-Lorraine
- **fortifications**

La ligne Maginot

Un monde souterrain

Au lendemain de la Première Guerre mondiale, la nécessité de protéger le territoire français s'impose au gouvernement. Le 14 janvier 1930, le ministre de la Guerre, André Maginot, fait adopter une loi visant à fortifier la frontière franco-allemande.

La ligne Maginot renforce particulièrement deux secteurs : celui de Metz, en Lorraine, et celui de la Lauter, en Alsace. En surface, elle forme un inextricable réseau de rails antichars et de fils barbelés. Mais l'essentiel de son système défensif se cache sous terre. Il se compose d'une succession de forteresses, reliées par des casemates (ou fortins) et des abris bétonnés. Le fort du Hackenberg est le plus gros ouvrage de la ligne Maginot. Il déploie 10 kilomètres de galeries souterraines qui mènent à 17 blocs de combat, un magasin de munitions, une centrale électrique et une caserne.

AH BON ?

À Hackenberg, la caserne possède des dortoirs, deux cuisines, une infirmerie, un standard téléphonique... Elle peut accueillir plus de 1000 soldats.

LA HAINE !

En 1940, l'Allemagne attaque la France en passant par la Belgique ; elle contourne la ligne Maginot... qui ne sert donc à rien.

ZOOM

FORTS DE LA LIGNE MAGINOT

Rochonvillers (Metz), 9 blocs de combat

Fermont (Metz), 7 blocs de combat

Hochwald (Lauter), 11 blocs de combat

Schoenenbourg (Lauter), 6 blocs de combat

période : IIIe République
début des travaux : 1920
site : Douaumont, dans la Meuse
lieu de **mémoire**

L'ossuaire de Douaumont

La nécropole du souvenir

Cet immense édifice se dresse près de Verdun, au milieu d'un champ de bataille. Il contient les ossements retrouvés épars d'environ 130 000 soldats morts pendant la Première Guerre mondiale. Inauguré en 1932, il se compose d'une tour, d'un cloître et d'une chapelle. Haute de 46 mètres, la tour abrite une cloche, le « bourdon de la victoire », et un phare, la « lanterne des morts ». Long de 137 mètres, le cloître renferme les tombeaux collectifs de soldats non identifiés, français et allemands.

Dans la chapelle, les vitraux reprennent trois thèmes : le sacrifice, la gloire et l'immortalité. Devant l'ossuaire s'étend la nécropole nationale de Douaumont. Sur ses 144 380 m² de superficie, elle réunit les tombes de 16 142 soldats français identifiés. Les sépultures des soldats musulmans sont orientées vers La Mecque.

LE DÉTAIL QUI TUE

Pour certaines personnes, la tour représente un obus. Pour d'autres, l'ossuaire évoque une épée, enfoncée dans la terre jusqu'à la garde.

RESPECT !

Dans le cloître, chaque caveau correspond à une zone de combat. De plus, les murs portent les noms de nombreux soldats disparus.

ZOOM

MÉMORIAUX

- Le cimetière de Notre-Dame-de-Lorette (Première Guerre mondiale), dans le Pas-de-Calais
- Le mont Valérien (Seconde Guerre mondiale), dans les Hauts-de-Seine
- Le Mémorial des martyrs de la déportation (Seconde Guerre mondiale), à Paris

- **période :** IVe République
- **début des travaux :** 1954
- **site :** Ronchamp, en Haute-Saône
- lieu de **culte**
- chapelle **contemporaine**

Notre-Dame-du-Haut

La chapelle de Ronchamp

SYMPA !

Aujourd'hui, la colline Notre-Dame-du-Haut accueille 65 000 visiteurs par an, venus du monde entier.

QUEL TALENT !

Le Corbusier recouvre chaque face de la porte d'entrée de plaques émaillées colorées. Il dessine lui-même le motif extérieur, avec une main rouge qui bénit et une main bleue qui reçoit.

La colline Notre-Dame-du-Haut est un lieu unique : historique, artistique et spirituel. Depuis le début du christianisme en France, elle accueille un sanctuaire et un pèlerinage dédiés à la Vierge Marie. En 1944, l'ancienne chapelle est sévèrement endommagée par les bombardements de la Libération ; il faut donc la reconstruire.

Architecte renommé, Le Corbusier accepte le projet et entame les travaux en 1954. Il souhaite réaliser un édifice à la fois novateur, esthétique et pratique. Il imagine un plan dissymétrique, qui fait la part belle aux formes irrégulières et aux lignes courbes. La toiture est l'élément phare de son projet. Elle s'inspire d'une carapace de crabe et forme une coque de béton, composée de deux membranes séparées par un vide de 2,26 mètres.

À l'intérieur, Le Corbusier met la simplicité au service de la lumière. Il laisse les murs blancs et nus, mais il perce la paroi sud de multiples ouvertures de tailles différentes, habillées de vitres blanches ou colorées. Il crée aussi 3 tours, utilisées comme « puits de lumière ».

ZOOM ÉGLISES MODERNES

- **1923** Notre-Dame du Raincy, par Auguste Perret
- **1946** Notre-Dame-de-Toute-Grâce du plateau d'Assy, par Maurice Novarina
- **1956** Saint-Joseph du Havre, par Auguste Perret
- **1957** Saint-Rémy de Baccarat, par Nicolas Kasis

Conçue comme une « chapelle double », Notre-Dame-du-Haut possède 2 autels : l'un à l'intérieur, pour les offices en petit comité, et l'autre à l'extérieur, pour les grandes cérémonies qui attirent beaucoup de monde.

LA STAR

Grand architecte et urbaniste, Charles-Édouard Jeanneret, dit Le Corbusier, a marqué de sa modernité le XXe siècle.

LA CLASSE !

D'autres édifices occupent la colline : l'abri du pèlerin et la maison du chapelain, également de Le Corbusier, le campanile réalisé par Jean Prouvé en 1975, le monastère Sainte-Claire et la Porterie construits en 2011 par Renzo Piano.

1958
Notre-Dame de Royan, par Guillaume Gillet

1995
Cathédrale de la Résurrection d'Évry, par Mario Botta

1998
Notre-Dame-de-l'Arche-d'Alliance de Paris, par Architecture Studio

BIEN DIT !

« En bâtissant cette chapelle, j'ai voulu créer un lieu de silence, de prière, de paix, de joie intérieure », confie Le Corbusier le jour de l'inauguration, en 1955.

- **période :** Ve République
- **début des travaux :** 1972
- **site :** Paris
- espace **culturel - musée**

Le Centre Pompidou

Dans le quartier de Beaubourg

Arrivé au pouvoir en 1969, le président de la République Georges Pompidou veut absolument doter Paris d'un grand centre culturel, tourné vers la création contemporaine. En 1971, les architectes Renzo Piano, Richard Rogers et Gianfranco Franchini décrochent le chantier et construisent un surprenant bâtiment, « retourné comme un gant » : ils rejettent vers l'extérieur et rendent visibles son squelette d'acier et tous ses conduits !

Ces derniers sont même peints selon un code couleur qui identifie leur fonction : blanc pour les gaines de ventilation souterraine, bleu pour les tuyaux d'air conditionné, vert pour les canalisations d'eau, jaune pour les lignes électriques, rouge pour toutes les voies de circulation.

Cette externalisation des structures dégage l'espace intérieur. Le Centre Pompidou dispose donc de vastes surfaces pour accueillir ses multiples activités culturelles. Il abrite notamment la Bibliothèque publique d'information, le musée national d'Art moderne, un cinéma, des salles d'exposition et de conférences, une librairie, un restaurant...

LA HAINE !

Traité d'usine à gaz, de raffinerie de pétrole ou de verrue d'avant-garde, le Centre Pompidou a déclenché une énorme polémique au moment de sa construction.

DUR !

Georges Pompidou n'a pas vu fini le centre qui porte son nom. Il est mort en 1974, trois ans avant l'inauguration.

TOUT EN CHIFFRES

- **longueur** 166 m
- **largeur** 60 m
- **hauteur** 42 m
- **surface totale** 75000 m²

SYMPA !

La Bibliothèque publique d'information (Bpi) propose environ 430 000 documents, en accès libre et gratuit.

QUEL **TALENT** !

Le musée national d'Art moderne (Mnam) rassemble 101 751 œuvres, de 6 564 artistes. Les plus célèbres se nomment Brancusi, Braque, Delaunay, Duchamp, Giacometti, Kandinsky, Klein, Léger, Matisse, Miró, Picasso, Pollock…

Le Centre Pompidou joue la transparence : de l'intérieur on voit l'extérieur, et inversement. L'escalier mécanique qui dessert tous les étages traverse la façade principale dans un tube vitré appelé « la chenille ».

Bpi
1 575 929
visiteurs en 2012

Mnam
3 791 585
visiteurs en 2012

personnel
1 057
agents en 2012

AH **BON** ?

Appelé « piazza », le vaste parvis au pied de la façade principale fait le lien entre le Centre Pompidou et la ville. Très animé, il accueille divers spectacles de rue.

Le Stade de France
Place au spectacle

- **période :** Ve République
- **début des travaux :** 1995
- **site :** Saint-Denis, en Seine-Saint-Denis
- lieu de **spectacle**

SÉQUENCE **ÉMOTION**

L'inauguration du Stade de France se déroule le 28 janvier 1998, lors d'un match amical France-Espagne. Zinedine Zidane est le premier à y marquer un but !

LA **CLASSE !**

Le Stade de France sert aussi de lieu de concert aux plus grands artistes : Johnny Hallyday, U2, Rihanna...

En 1998, la France organise la Coupe du monde de football ; elle a besoin d'un nouveau stade. Les architectes Claude Costantini, Michel Regembal, Aymeric Zublena et Michel Macary se chargent du projet et commencent les travaux en 1995. Sur une superficie totale de 170 000 m², ils sortent de terre un immense stade de 80 000 places. C'est le plus grand de France !

Très épuré, l'édifice a la forme d'une ellipse. Son toit est l'un de ses éléments les plus remarquables. Suspendu par des câbles à 18 mâts en forme de javelot, il semble flotter... à 46 mètres au-dessus de la pelouse. Pourtant, son périmètre extérieur fait 1 kilomètre, sa superficie couvre 60 000 m² et son poids atteint 13 000 tonnes. Parfaitement sécurisée, sa structure est conçue pour résister à des vents de 145 km/h... jusque-là jamais enregistrés en région parisienne.

TOUT EN **CHIFFRES**

- superficie de la pelouse **9000 m²**
- superficie des vestiaires **1200 m²**
- nombre d'écrans géants **2**
- nombre de projecteurs **454**

période : Vᵉ République
début des travaux : 2001
site : Millau, dans l'Aveyron
ouvrage d'art : **viaduc**

Le viaduc de Millau
Un pont aérien

L'autoroute A75, qui relie Clermont-Ferrand à Béziers, franchit la vallée du Tarn grâce à un ouvrage extraordinaire : le viaduc de Millau. Après 14 ans d'études, les travaux démarrent en 2001, sous la responsabilité de l'ingénieur français Michel Virlogeux et de l'architecte britannique Norman Foster. Ces derniers construisent 7 piles, dont la « P2 », qui mesure 245 mètres de haut et fait du viaduc de Millau le plus grand pont du monde ! Puis ils posent sur ces piles un lourd tablier, soit 36 000 tonnes d'acier, maintenu par un système de pylônes et de câbles appelés « haubans ».

Terminé en 2004, le viaduc de Millau impressionne autant par ses caractéristiques techniques que par ses qualités esthétiques. Malgré sa robustesse, il fait preuve d'une finesse, d'une élégance et d'une légèreté admirables.

LA CLASSE !

Le viaduc de Millau culmine à 343 m au-dessus du Tarn et s'étire sur 2 460 m de long. Pourtant, il s'intègre parfaitement à la beauté grandiose du paysage.

AH BON ?

4,7 millions de véhicules ont franchi le viaduc en 2013 et 444 000 visiteurs ont fréquenté ses deux espaces d'information.

ZOOM
PONTS MODERNES

- **1881** — le viaduc de Garabit, Cantal
- **1898** — le pont transbordeur de Rochefort, Charente-Maritime
- **1955** — le pont de Tancarville, Seine-Maritime et Eure
- **1989** — le pont de Normandie, Seine-Maritime et Calvados

- **période :** Ve République
- **début des travaux :** 1999
- **site :** Paris
- espace culturel ; **musée**

Le musée du quai Branly

Le monde à Paris

Conçu par l'architecte français Jean Nouvel, le musée du quai Branly ressemble à une longue passerelle sur pilotis qui traverse la végétation dense d'un jardin tropical. Son architecture privilégie la fluidité des lignes courbes, les matières naturelles comme le bois, la transparence du verre, les couleurs chaudes comme le rouge et le jaune. Particulièrement originale, elle intègre même un mur végétal de 800 m², composé de 15000 plantes.

Une fois passé le hall d'accueil, les visiteurs empruntent une rampe en pente douce, jusqu'au plateau des collections. Là se trouvent environ 3500 œuvres : des peintures, des masques, des statues, des vêtements, des bijoux, etc. Toutes sont issues des civilisations non occidentales. Celles-ci sont regroupées par continent : l'Océanie, l'Amérique, l'Afrique et l'Asie.

SÉQUENCE **ÉMOTION**

On doit la création de ce musée au président de la République Jacques Chirac, qui l'a inauguré le 20 juin 2006.

MALIN !

Trente « boîtes » ponctuent la façade nord. À l'extérieur, elles forment des cubes colorés ; à l'intérieur, elles créent des espaces d'exposition plus intimes.

TOUT EN **CHIFFRES**

- hauteur **21 m**
- superficie des bâtiments **40600 m²**
- superficie de la terrasse **2500 m²**
- superficie du jardin **18000 m²**

période : Vᵉ République
début des travaux : 2009
site : Marseille, dans les Bouches-du-Rhône
espace culturel - musée

LA CLASSE !

Le J4 est relié au fort Saint-Jean par une élégante passerelle de béton, longue de 115 mètres, qui passe au-dessus d'un bras de mer.

SYMPA !

La nuit, le MuCEM s'illumine. La résille du J4 se pare d'éclats bleus et turquoise qui évoquent le scintillement des flots.

Le MuCEM
Le musée marseillais

À l'entrée du Vieux-Port de Marseille, face au large, flotte un cube recouvert d'une résille de béton qui laisse pénétrer la lumière, l'air et les odeurs d'iode, tout en arrêtant la chaleur et le vent. Baptisé « J4 », ce bâtiment de 15000 m² est l'œuvre de l'architecte français Rudy Ricciotti. Il forme le cœur du MuCEM, le musée des Civilisations de l'Europe et de la Méditerranée, qui compte deux autres sites : le fort Saint-Jean et le Centre de conservation et de ressources.

À l'intérieur du J4, des rampes suivent le pourtour du bâtiment et offrent aux visiteurs 820 mètres de promenade avec vue sur la mer. Elles conduisent de la terrasse panoramique à la Galerie de la Méditerranée, une exposition permanente qui traite de plusieurs thèmes, comme l'agriculture, la religion, la citoyenneté, le voyage...

CHRONO EXPRESS

- **2000** lancement du projet
- **2004** choix de l'architecte Rudy Ricciotti
- **2009** pose de la première pierre
- **2013** inauguration par François Hollande

Les demeures célèbres

La villa Arnaga

L'écrivain Edmond Rostand se fait construire cette magnifique villa de style basque, à Cambo-les-Bains, entre 1903 et 1906. À l'intérieur, il imagine une décoration luxueuse et fait appel à plusieurs artistes renommés pour peindre de grandes fresques colorées.

La villa Noailles

En 1923, à Hyères, l'architecte Robert Mallet-Stevens dessine pour Charles et Marie-Laure de Noailles l'une des premières villas françaises de style moderne : volumes lisses et cubiques, toits-terrasses, pièces lumineuses et fonctionnelles, chambres avec salle de bains, piscine, etc.

La villa Kerylos

L'archéologue et mathématicien Théodore Reinach se passionne pour l'Antiquité grecque.
En 1902, il achète un terrain à Beaulieu-sur-Mer et commande à l'architecte Emmanuel Pontremoli une villa grecque, entièrement décorée et meublée « à l'antique », mais avec l'électricité et tout le confort moderne.

La maison Strassburger

Bâtie entre 1907 et 1912 par le baron Henri de Rothschild, puis vendue au riche Américain Ralph Strassburger, cette imposante demeure se trouve à Deauville. Avec ses façades à colombages et sa toiture travaillée, elle associe parfaitement le style normand à l'architecture savante.

La villa Savoye

En 1931, la famille Savoye prend possession de sa toute nouvelle maison de week-end, à Poissy. Selon Le Corbusier, son génial concepteur, l'édifice réunit les cinq points de l'architecture moderne : pilotis, toit-terrasse, plan libre, fenêtres bandeaux et façade libre.

Le palais Bulles

L'architecte hongrois Antti Lovag conçoit cette demeure dans les années 1970, à Théoule-sur-Mer. Du sol au plafond, des murs aux fenêtres-hublots, tout y est rond ! Agrémentée de terrasses, de piscines, de bassins et de fontaines tout en rondeurs, cette maison-sculpture forme un ensemble très original.

Les grands hôtels

Le Martinez

Cet édifice de style Art déco possède une éclatante façade blanche, rehaussée de garde-corps bleu et or. Depuis son achèvement, en 1929, il illumine la Croisette, le long de la baie cannoise. Son restaurant gastronomique s'appelle *La Palme d'or*, en référence au Festival de Cannes.

Le Negresco

L'établissement ouvre ses portes en 1913, sur la promenade des Anglais, à Nice. Son fondateur, le Roumain Henri Negrescu, aurait donné à la coupole rose de son toit la forme du sein de sa maîtresse ! Son hall est connu pour sa grande verrière et son lustre de Baccarat de 16800 cristaux.

Le Lutetia

Inauguré en 1910, cet hôtel voit le jour grâce au grand magasin parisien *Le Bon Marché*, qui veut loger dans son voisinage sa riche clientèle provinciale. Sa splendide façade correspond au style Art nouveau, tandis que sa décoration intérieure s'inspire du style Art déco.

Le Normandy

Avec ses colombages couleur vert pastel et ses damiers de pierre, ce gros manoir anglo-normand fait les beaux jours de Deauville depuis 1912. Dans une ambiance chaleureuse, il propose à sa clientèle chic des chambres et des suites, deux restaurants, un piano-bar et une piscine.

Le Crillon

Ce majestueux édifice parisien domine la place de la Concorde depuis plus de 250 ans. Son histoire commence en 1758, quand l'architecte Jacques-Ange Gabriel élève sa façade d'apparat. Elle se poursuit par la construction d'un bel hôtel particulier, transformé en palace en 1907.

L'Hôtel du Palais

L'empereur Napoléon III et l'impératrice Eugénie aiment tant Biarritz qu'en 1854 ils s'y font construire un palais d'été. En 1880, ce dernier est racheté par une banque et transformé en palace, de style Second Empire. Le salon impérial possède un décor peint particulièrement intéressant.

Cafés et restaurants de Paris

Lapérouse

Créé en 1766, ce restaurant est renommé pour sa gastronomie et ses petits salons privés, où défilait le Tout-Paris littéraire et artistique : la Belle Otero, Émile Zola et Victor Hugo, Eugène Delacroix et Édouard Manet, Charles Baudelaire…

Maxim's

Verrières, fresques murales, miroirs, boiseries d'acajou, ornements de bronze et de cuivre… l'établissement reflète à merveille le style Art nouveau, très en vogue en 1900. Il réservait ses meilleures tables à Sacha Guitry, Rita Hayworth, Martine Carol, Aristote Onassis et Maria Callas.

Le Grand Vefour

Probablement fondé vers 1784, ce restaurant gastronomique compte parmi ses illustres clients Napoléon Bonaparte et Joséphine de Beauharnais, Jean Cocteau, Colette… Il possède un décor peint exceptionnel qui représente les quatre saisons, symbolisées par des femmes.

La Coupole

Cette brasserie de 1927 est fameuse pour sa grande salle de style Art déco, surmontée d'une coupole colorée et abondamment décorée par 32 artistes peintres.
La danseuse Joséphine Baker, le peintre Foujita et le modèle Kiki de Montparnasse y sont représentés.

Le Train bleu

Inauguré en 1901, ce prestigieux buffet de la gare de Lyon évoque le voyage, le progrès technique, le confort et le luxe. Il est couvert de dorures et de fresques qui montrent les plus beaux paysages de France. Coco Chanel, Brigitte Bardot et Marcel Pagnol aimaient s'y attabler.

Le Café de Flore

Apparu vers 1887, ce haut lieu de la vie parisienne possède une charmante terrasse et une salle Art déco, avec de grands miroirs et des banquettes de moleskine rouge.
Il vit passer Guillaume Apollinaire, Pablo Picasso, Simone Signoret, Jean-Paul Sartre et Simone de Beauvoir.

Les salles de spectacle parisiennes

Le Cirque d'hiver

Voulu par Louis Dejean et construit par l'architecte Jacques Ignace Hittorf, ce bâtiment polygonal compte 20 côtés et 42 mètres de diamètre. Il possède une belle façade sculptée qui montre des amazones et des guerriers à cheval. Depuis 1852, il sert d'écrin aux arts du cirque.

Le Moulin rouge

Au pied de la butte Montmartre, se dresse un surprenant Moulin rouge, un cabaret fondé en 1889. Sa salle de style Belle Époque, décorée de fresques et de velours rouge, accueille le célèbre French Cancan, une danse virevoltante exécutée par des jeunes femmes en tenue affriolante.

Les Folies Bergère

Inaugurée en 1869, cette salle voit naître le music-hall, un dîner-spectacle qui fait la part belle aux danseuses dénudées. En 1928, elle est mise au goût du jour et agrémentée d'une imposante façade Art déco, au centre de laquelle brille une danseuse dorée, sculptée par Pico.

L'Olympia

L'histoire de ce lieu mythique débute en 1893, par des attractions foraines et des revues de music-hall. En 1929, la salle est transformée en cinéma. Il faut attendre la rénovation de 1954 et l'arrivée de Bruno Coquatrix comme directeur pour qu'elle devienne le temple de la chanson.

Le Palais des sports

Les architectes Pierre Dufau et Richard Buckminster Fuller construisent cette grande salle modulable en 1960. Composé de 1 100 panneaux d'aluminium, leur projet représente une incroyable prouesse technique. Il s'agit du plus grand dôme autoportant en alliage léger du monde !

Le Grand Rex

Ce cinéma de 1932 domine les grands boulevards de sa haute façade Art déco. Dans sa grande salle, les spectateurs peuvent admirer un décor de ville méditerranéenne, sous un ciel bleu nuit scintillant d'étoiles, et un avant-film aquatique intitulé *La Féerie des eaux*.

Les monuments en dix records

Le plus beau pont

Inauguré pour l'Exposition universelle de 1900, le pont Alexandre III célèbre l'amitié franco-russe. Abondamment sculpté et rehaussé d'or, il est le plus beau pont de Paris.

La prison la plus romanesque

Au large de Marseille, sur un îlot rocheux, se dresse le château d'If, la prison d'Edmond Dantès, le célèbre héros d'Alexandre Dumas dans son roman *Le Comte de Monte-Cristo*.

La cathédrale la plus vaste

Bâtie de 1220 à 1269, dans le style gothique, Notre-Dame d'Amiens est la plus vaste cathédrale de France. Son volume intérieur atteint environ 200 000 m^3.

Le plus haut gratte-ciel

Construite en 1974 et transformée en 2007-2011, la tour First mesure 231 m de haut, ce qui en fait le plus haut gratte-ciel de France. Elle se trouve dans le quartier de la Défense.

Le château le plus mystérieux

À Gisors, se trouve un impressionnant château fort, construit à partir de 1097. Il cacherait le fabuleux trésor des Templiers. Mais les fouilles archéologiques n'ont jamais rien donné !

La plus grande statue

La Vierge du Mas-Rillier, à Miribel, date de 1941. Il s'agit de la plus grande statue de France. Elle mesure 32,60 m, et un escalier intérieur de 151 marches mène à sa tête.

Le plus vieux café

Fondé en 1686 par l'Italien Francesco Procopio Dei Coltelli, *Le Procope* est le plus ancien café de Paris. À ses tables, s'assirent Voltaire, Diderot, Danton, Balzac, Verlaine…

La plus haute cathédrale

Chef-d'œuvre de l'architecture gothique, Notre-Dame de Rouen est la plus haute cathédrale de France car sa tour lanterne centrale porte une flèche en fonte qui culmine à 151 mètres.

Le musée le plus surprenant

Inauguré en 2014, le bâtiment de la Fondation Louis Vuitton, au cœur du bois de Boulogne, ressemble à un iceberg de verre et d'acier. Il est la création de l'Américain Frank Gehry.

L'église la plus profonde

Creusée dans la roche vers 1100, l'église souterraine d'Aubeterre possède une nef élancée, haute de 20 mètres, unique en Europe. Autre curiosité, une galerie court au ras des voûtes.

Histoire

1515 : Marignan ! Tout le monde connaît. Mais savez-vous qu'il s'agit d'une grande bataille gagnée par François Ier ? Au fil de 50 dates, vous rencontrerez des personnages d'exception et vous découvrirez de hauts faits. **Alors, en route pour 40 000 ans d'histoire !**

- **Préhistoire** / paléolithique supérieur
- **nomadisme**, chasse, cueillette
- **grottes peintes**

-40 000

Cro-Magnon

L'homme moderne (*Homo sapiens*) apparaît sur le territoire français durant la préhistoire, vers -40 000. Également appelé Cro-Magnon, il vit de la cueillette, de la pêche et de la chasse. Il est nomade et suit les migrations du gibier. Il campe et aménage des abris-sous-roche. Intelligent, très habile de ses mains, il travaille le cuir, taille la pierre, sculpte l'os et le bois. Il peint également et couvre de magnifiques fresques les parois de certaines grottes.

En Dordogne, se trouve la grotte de Lascaux, un chef-d'œuvre daté de -18 000. Son décor, composé de 600 peintures, représente des taureaux, des aurochs, des chevaux, des cerfs, des bisons… Il fait preuve d'une grande qualité artistique, mais pas seulement : selon les spécialistes, ces images jouaient aussi un rôle magique ou religieux.

EN VO

L'homme de Cro-Magnon doit son nom à son lieu de découverte, en 1868 : l'abri de Cro-Magnon, aux Eyzies, en Dordogne.

AH BON ?

Pendant 10 000 ans, deux espèces humaines cohabitent : l'homme de Cro-Magnon et l'homme de Néandertal. Ce dernier disparaît mystérieusement vers -30 000.

CHRONO

LES GROTTES DÉCORÉES

- **-31 000** grotte Chauvet, Ardèche
- **-27 000** grotte Cosquer, Bouches-du-Rhône (entrée sous-marine)
- **-25 000** grotte du Pech Merle, Lot
- **-22 000** grotte de Cussac, Dordogne (gravures)

Préhistoire / néolithique
sédentarisation, agriculture, élevage
mégalithes

-5500

Révolution néolithique

Amorcée au Moyen-Orient vers -10000, la « révolution néolithique » touche la France vers -5500. Peu à peu, elle provoque d'importants changements. Les populations se mettent à produire leur nourriture : culture de céréales (blé, orge) et d'autres plantes (lentilles, pois), élevage d'animaux (chèvres, moutons, vaches, cochons). Elles se sédentarisent et fondent des villages. Elles fabriquent des poteries.

Vers -4500, les hommes du néolithique se lancent dans la construction d'énormes monuments : les mégalithes (« grosses pierres » en grec). Ils construisent des dolmens, des sépultures, et dressent des menhirs (« pierres longues » en breton). À Carnac, dans le Morbihan, ils alignent quelque 3000 menhirs, souvent hauts de 3 à 6 mètres. Mais on ignore encore la signification de ces alignements.

DUR !

Avec ses 20,6 mètres, le menhir de Locmariaquer (Morbihan) est le plus grand d'Europe ; malheureusement, il est brisé et couché… depuis déjà 6000 ans !

LA CLASSE !

Célèbre statue-menhir, la « Dame de Saint-Sernin » porte un vêtement plissé, une ceinture et un collier.

CHRONO
LES MÉGALITHES CÉLÈBRES

- **-4500** : cairn (11 dolmens) de Barnenez, Finistère
- **-3500** : dolmen orné de Gavrinis, Morbihan
- **-2500** : dolmen de la Roche-aux-Fées, Ille-et-Vilaine
- **-1800** : statues-menhirs de Filitosa, Corse

- **Antiquité**
- **colonie grecque**, port commercial
- **première grande ville**

-600

Fondation de Massalia

Grecs d'Asie Mineure (Turquie actuelle), les Phocéens sont des marins et des commerçants. Vers -600, ils débarquent dans le sud de la Gaule (France actuelle), près du delta du Rhône, et fondent une colonie : Massalia, la future Marseille, la première véritable cité du territoire français. Les colons apportent avec eux la civilisation grecque : l'architecture, la religion, la culture de la vigne et de l'olivier, la vaisselle de luxe, l'alphabet…

Les Massaliotes font de leur ville un grand port et un important carrefour commercial entre le Bassin méditerranéen et l'Europe du Nord. Massalia a vu naître deux célèbres navigateurs : Euthymènes (vers -400), qui longe une partie des côtes africaines, et Pythéas (vers -330), qui explore les mers du Nord, sans doute du côté de l'Islande, puis de la mer Baltique.

LE POTIN

Selon la légende, Gyptis, une princesse locale, choisit d'épouser Protis, un chef phocéen. Ensemble, ils bâtissent Massalia.

EN VO

Les Massaliotes étendent leur pouvoir et créent d'autres ports : Nikaia (Nice), Antipolis (Antibes), Olbia (Hyères), Citharista (La Ciotat)…

CHRONO EXPRESS

- **-600** fondation grecque
- **-300** entre 30000 et 40000 habitants
- **-49** passe sous domination romaine

- **Antiquité** / civilisation celte
- **travail du fer**, druidisme
- environ **100 tribus gauloises**

EN VO

Sur les rives de la Seine vit la tribu gauloise des Parisii. Sa capitale se nomme Lutèce (Loukotokia en grec, Lutetia en latin), le futur Paris.

TROP GORE !

Les Gaulois construisent des sanctuaires religieux, qu'ils décorent d'armes, de cornes de bœufs et de crânes humains !

-500

Gaule celte

Venus d'Europe de l'Est, les Celtes s'implantent en Gaule à partir de -500 (civilisation de la Tène ou second âge du fer) et prennent le nom de Gaulois. Ce sont de redoutables guerriers, mais aussi d'excellents agriculteurs et d'habiles artisans. Grâce à leur maîtrise de la métallurgie, ils fabriquent des armes et des outils en fer très solides. Ils vivent à la campagne, dans des fermes, ou à la ville, dans des agglomérations perchées et fortifiées appelées « oppida ».

Les Gaulois se divisent en tribus, chacune commandée par un chef. Ils écoutent aussi leurs « druides », des prêtres qui détiennent le savoir : médecine, astronomie, droit, etc. Ils honorent toutes sortes de divinités comme Taranis, le dieu de l'orage, Épona, la déesse des chevaux, ou Cernunnos, l'homme-cerf.

CHRONO

LES SITES GAULOIS

- **-480** tombe de la princesse de Vix
- **-280** Gournay-sur-Aronde, sanctuaire des Bellovaques
- **-100** Bibracte, oppidum des Éduens
- **-80** Corent, oppidum des Arvernes

- **Antiquité** / Gaule romaine
- **guerre des Gaules**
- **Vercingétorix** (-72/-46) contre **Jules César** (-101/-44)

-52

Bataille d'Alésia

En -58, deux tribus gauloises s'affrontent; menacés par les Helvètes, les Éduens demandent l'aide des Romains. Commence alors «la guerre des Gaules» : Jules César intervient, mâte les Helvètes et, dans la foulée, continue la conquête de la Gaule. D'abord divisées, les tribus gauloises finissent par se rassembler derrière un jeune chef arverne : Vercingétorix.

Celui-ci organise un soulèvement et bat les Romains à la bataille de Gergovie, au printemps -52. Mais il se retrouve en difficulté pendant la bataille d'Alésia, durant l'été -52. Pris au piège, il se rend à Jules César, qui le jette dans un cachot romain.

Dès lors, les Gaulois, vaincus, perdent leur indépendance et passent sous domination romaine. Des traditions gauloises et du mode de vie romain naît la civilisation gallo-romaine. Lugdunum (Lyon) devient la capitale des Gaules. Toutes les grandes villes se couvrent de monuments «à la romaine» : théâtres, amphithéâtres (ou arènes), fontaines, thermes (ou bains), temples.

MOTIVÉ !

Vercingétorix pratique la tactique de la «terre brûlée». Pour affamer les troupes romaines, il fait incendier les fermes et les récoltes gauloises.

DUR !

La guerre aurait fait entre 600000 et 1 million de morts parmi les Gaulois, et autant de prisonniers, voués à l'esclavage.

CHRONO EXPRESS

- **-125** conquête de la Narbonnaise
- **-58** soumission des Helvètes (Suisse)
- **-57** conquête de la Belgique

LA **HAINE !**

Captif pendant 6 ans, Vercingétorix sort de sa prison en -46, pour être exhibé lors du triomphe de Jules César, puis il est exécuté.

MALIN !

As de la propagande, Jules César écrit lui-même les *Commentaires sur la guerre des Gaules*, un livre qui raconte la conquête et met en lumière ses victoires.

Assiégé par Jules César, qui a construit autour de l'oppidum d'Alésia deux lignes de fortifications, Vercingétorix se retrouve coupé du monde. Privé de ravitaillement, sans aide extérieure, il doit capituler.

-56 — conquête de l'Aquitaine

-52 — soumission des Arvernes (Auvergne)

-51 — pacification de toute la Gaule

AH **BON ?**

Les Romains disent «les Gaules» car, selon eux, il en existe plusieurs : la Narbonnaise (sud-est), l'Aquitaine (sud-ouest), la Lyonnaise (nord-ouest et centre) et la Belgique (nord-est).

- **Antiquité** / Gaule romaine
- **premiers chrétiens**, persécutions
- **Sainte Blandine**, patronne de Lyon

177

Martyre de Blandine

Vers l'an 29, Jésus de Nazareth meurt crucifié à Jérusalem (Proche-Orient). Ses disciples croient en sa résurrection et pensent qu'il est le Messie, c'est-à-dire le Sauveur. Ils fondent une nouvelle religion : le christianisme. La foi chrétienne se propage et arrive en Gaule vers l'an 100.

Mais les Romains ne lui réservent pas toujours un bon accueil. En 177, ils exécutent 48 chrétiens de Lyon. Parmi les martyrs se trouve une femme, Blandine, célèbre pour son courage extraordinaire.

La situation change en 313, quand Constantin Ier accorde la liberté de culte aux chrétiens, et en 392, quand Théodose Ier fait du christianisme la religion officielle de l'Empire. Dès lors, l'Église chrétienne se développe, calquant son organisation sur celle de l'administration romaine. Elle s'appuie sur des évêques, qui guident la communauté et s'emploient à convertir de plus en plus de fidèles, à travers toute la Gaule. Elle implante des lieux de culte : chapelles, églises, baptistères où se font les baptêmes...

AH BON ?

Les chrétiens n'ont qu'un seul dieu, aussi refusent-ils de participer au culte de l'empereur. Les Romains voient ce rejet comme un manque de civisme dangereux.

MALIN !

Le christianisme encourage le culte des saints, qui remplace plus ou moins le polythéisme auprès des populations fraîchement converties.

CHRONO

LES PREMIERS CHRÉTIENS

- **177** — Blandine et Pothin, persécutés à Lyon
- **200** — Irénée de Lyon, premier grand théologien d'Occident
- **314** — concile d'Arles, réunissant des évêques gallo-romains

DUR !

Pothin est le premier évêque de Lyon et le premier évêque des Gaules. Emprisonné, il meurt en même temps que Blandine.

Livrée aux bêtes féroces (qui l'épargnent), fouettée, passée au gril, enroulée dans un filet et jetée devant un taureau sauvage, Blandine se réfugie dans sa foi et résiste à toutes les tortures. Elle est finalement égorgée.

HALLUCINANT !

Saint légendaire, Denis aurait été le premier évêque de Paris. Décapité, il aurait récupéré sa tête et serait parti à pied !

350
Hilaire, évêque de Poitiers et théologien

371
Martin de Tours, apôtre des Gaules

LA STAR

Martin, évêque de Tours en 371, est surnommé l'« apôtre des Gaules ». Il a converti les populations, détruisant les temples païens, édifiant des églises et des monastères.

406

Invasions barbares

- **fin de l'Antiquité** / début du Moyen Âge
- influence **germanique**
- **Wisigoths, Francs, Burgondes**

Les Romains nomment « Germains » les peuples barbares du nord et de l'est de l'Europe : Rhénanie, mer du Nord, mer Baltique, mer Noire... Ils s'en protègent grâce à une ligne de fortifications, le « limes ». Des Germains, peu nombreux, passent parfois cette frontière et s'intègrent.

Mais soudain ils arrivent en masse, fuyant devant les Huns, des cavaliers nomades terrifiants, originaires des steppes asiatiques. En 406, les Vandales et les Suèves traversent le Rhin et déferlent en Gaule, ravageant tout sur leur passage. En 410, les Wisigoths pillent Rome et gagnent le sud de la Gaule. Vers 430, les Francs s'installent dans le nord de la Gaule. À partir de 443, les Burgondes se fixent dans la vallée du Rhône.

L'Empire romain ne résiste pas à ces assauts ; le dernier empereur doit abdiquer en 476. Les Germains en profitent pour faire main basse sur la Gaule et se tailler de vastes royaumes. De ces bouleversements émerge une nouvelle civilisation, mêlant les influences gallo-romaine, germanique et chrétienne.

EN VO

Les Romains appellent « barbares » tous les peuples qui n'appartiennent pas à l'Empire et qui ne partagent pas leur culture : langue, dieux, mœurs...

SYMPA !

Les Germains ont la passion des bijoux. Orfèvres de talent, ils fabriquent de somptueuses parures d'or, incrustées de pierres précieuses colorées.

CHRONO EXPRESS

- **406** — invasion des premiers barbares
- **410** — pillage de Rome par les Wisigoths
- **418** — Wisigoths à Toulouse

MOTIVÉ !

Armé jusqu'aux dents, le guerrier franc porte une hache de jet (francisque), un grand couteau (scramasaxe), une épée, une lance et un bouclier.

DUR !

En 451, Attila, le chef des Huns, envahit la Gaule. Il est repoussé par le Romain Aetius et ses alliés barbares lors de la bataille des champs Catalauniques (en Champagne).

Le 31 décembre 406, les Vandales et les Suèves profitent de l'hiver pour franchir, avec femmes et enfants, le Rhin complètement gelé. Ils sont accompagnés d'Alains, un peuple barbare non germanique originaire du Caucase.

451
Attila stoppé aux champs Catalauniques

461
Burgondes à Lyon

476
fin de l'Empire romain d'Occident

LA CLASSE !

Les peuples germaniques ont donné leur nom à de nombreuses régions : Francs/France, Burgondes/Bourgogne, Alamans/Allemagne, Angles/Angleterre...

- **Moyen Âge** / Mérovingiens
- **royaume franc**
- **Clovis Ier** (466-511)

LE POTIN

Clovis s'allie aux Burgondes en épousant la princesse Clotilde. Chrétienne, celle-ci aurait contribué à sa conversion.

BIEN DIT !

Lors du pillage de Soissons, un guerrier aurait refusé de céder un vase à Clovis. Un an après, Clovis l'aurait tué en lui disant : «Souviens-toi du vase de Soissons.»

481

Clovis, roi chrétien

À partir de 430, les Francs contrôlent le nord de la Gaule depuis leur capitale, Tournai (Belgique actuelle). En 481, Clovis succède à son père comme roi des Francs; il appartient à la dynastie des Mérovingiens, du nom de son grand-père, Mérovée.

Ambitieux, Clovis mène une politique de conquête. En 486, il bat le général romain Syagrius, maître d'une enclave gallo-romaine entre la Somme et la Loire. Il lui arrache Soissons et Paris, dont il fait sa capitale. En 496, il repousse les Alamans à la bataille de Tolbiac et récupère la vallée du Rhin. En 507, il écrase les Wisigoths à la bataille de Vouillé et étend son royaume jusqu'aux Pyrénées. Il décide aussi de se convertir au christianisme. Vers 498, il se fait baptiser par l'évêque Rémi, à Reims. Ainsi, il se positionne comme l'héritier de l'Empire romain et le défenseur de l'Église.

CHRONO EXPRESS

- **486** – victoire de Soissons, contre Syagrius
- **496** – victoire de Tolbiac, contre les Alamans
- **498** – baptême de Clovis
- **507** – victoire de Vouillé, contre les Wisigoths

- **Moyen Âge**/premiers Carolingiens
- **arrêt de l'expansion arabe**
- **Charles Martel** (688-741) et **Pépin le Bref** (715-768)

DUR !

Après la conquête de l'Espagne en 711, les Arabes pénètrent en France : ils occupent Narbonne et lancent des raids sur Toulouse, Lyon, Autun, Sens, Bordeaux...

EN VO

En vieux français, *martel* signifie « marteau ». Charles a hérité de ce surnom parce qu'il frappait fort ses ennemis.

732

Charles Martel contre les Arabes

Depuis la mort de Dagobert, en 639, les Mérovingiens sont en plein déclin : leur territoire est morcelé et dirigé par des rois faibles, appelés « rois fainéants ». En 717, Charles Martel devient maire du palais, une sorte de Premier ministre. En fait, il exerce le pouvoir en Austrasie (à l'est) et en Neustrie (à l'ouest).

En 732, il n'hésite pas à se rendre en Aquitaine pour défendre le duc Eudes, attaqué par les Arabes. Il bat le général Abd al-Rahman à Poitiers et met un point final à l'expansion arabe en Europe. Il profite de sa gloire pour étendre sa domination sur l'Aquitaine, la Bourgogne et la Provence ! Mais c'est son fils, Pépin le Bref, qui légitime cette montée en puissance : il détrône le dernier roi mérovingien, se fait sacrer par le pape en 754 et fonde une nouvelle dynastie : les Carolingiens.

CHRONO EXPRESS

- **717** Charles Martel, maire du palais
- **732** victoire de Poitiers, contre les Arabes
- **737** victoire de la Berre, contre les Arabes
- **741** mort de Charles Martel

- **Moyen Âge** / Empire carolingien
- **puissance européenne**, rayonnement culturel
- **Charlemagne** (742-814)

800

Charlemagne empereur

Fils de Pépin le Bref, Charlemagne (Charles le Grand, «Carolus Magnus» en latin) monte sur le trône en 768. Il hérite d'un vaste royaume, qu'il veut encore agrandir. Il conquiert la Saxe, la Lombardie, la Marche d'Espagne... et il prend la tête d'un immense empire européen qui s'étend de l'océan Atlantique au Danube et de la mer du Nord à la mer Méditerranée.

En 800, Charlemagne se fait couronner empereur d'Occident par le pape, à Rome. Depuis sa capitale, Aix-la-Chapelle, il mène une politique d'unification habile. Il impose le christianisme à tous ses peuples. Il met en place une puissante administration : il divise son territoire en quelque 300 comtés, gouvernés par des comtes, eux-mêmes contrôlés par des agents impériaux, les «missi dominici». Il fixe les lois par écrit, sous forme de «capitulaires».

De plus, Charlemagne favorise l'art et la culture. Cette «renaissance carolingienne» stimule notamment l'édification de splendides églises et la réalisation de somptueux manuscrits enluminés.

LE POTIN

Charlemagne se marie 5 ou 6 fois. Il aime particulièrement la jolie Hildegarde, qui lui donne 9 enfants avant de mourir en couches à l'âge de 25 ans.

MALIN !

Charlemagne encourage l'instruction. Il demande aux évêques d'ouvrir des écoles pour former les futurs cadres laïcs et religieux de l'empire.

CHRONO EXPRESS

- **774** prise de Pavie, en Lombardie (Italie)
- **778** campagne d'Espagne, Roncevaux
- **788** soumission de la Bavière (Allemagne)

La cérémonie du sacre se déroule dans la basilique Saint-Pierre, à Rome, le 25 décembre 800. Charlemagne est couronné par le pape Léon III. Il se présente comme le continuateur de l'Empire romain d'Occident.

DUR !

En 778, l'armée de Charlemagne est taillée en pièces à Roncevaux, dans les Pyrénées. La «Chanson de Roland» évoque ce drame et raconte la mort du fameux chevalier Roland.

SYMPA !

Charlemagne entretient d'excellents rapports avec Harun al-Rashid, le calife de l'empire arabo-musulman. Ce dernier lui fait même cadeau d'un éléphant blanc.

800 — couronnement impérial

804 — soumission définitive de la Saxe (Allemagne)

805 — soumission des Avars (Hongrie)

LA HAINE !

En 843, par le traité de Verdun, les petits-fils de Charlemagne se partagent son empire. Ils le coupent en trois : Francie occidentale, Lotharingie et Francie orientale.

- **Moyen Âge** / fin des Carolingiens
- **invasions vikings**
- **Eudes**, comte de Paris (860-898)

885

Des Vikings à Paris

Venus du nord de l'Europe (Norvège, Suède, Danemark), les Vikings sont d'excellents navigateurs et d'intrépides guerriers. Depuis les années 780, ils écument les mers et les fleuves européens, toujours prêts à piller, à incendier et à terroriser les populations. Aussi, lorsqu'en 885, ils se présentent devant Paris, le comte Eudes et l'évêque Gozlin leur opposent une résistance farouche. Les Vikings font le siège de Paris pendant des mois.

Finalement, Charles le Gros, empereur carolingien et régent de Francie occidentale, accepte de négocier : contre la promesse d'épargner Paris, il leur verse un tribut et les laisse piller la Bourgogne ! Cet épisode ternit son image et souligne la faiblesse des rois carolingiens. En 888, Eudes, le héros du siège de Paris, est élu roi de Francie occidentale.

AH BON ?

Dans son poème *Siège de Paris par les Normands*, le moine Abbon estime l'armée viking à 700 bateaux à voile et au moins 30 000 guerriers !

EN VO

En 911, des Vikings, également appelés Normands (Hommes du Nord), s'installent à l'embouchure de la Seine et donnent leur nom à la Normandie.

CHRONO EXPRESS

- juillet 885 : prise de Rouen
- novembre 885 : siège de Paris
- septembre 886 : négociation de Charles le Gros
- novembre 886 : siège de Sens

- **Moyen Âge** / premiers Capétiens
- **féodalité**
- **Hugues Capet** (941-996) et **Robert II le Pieux** (972-1031)

987

Hugues Capet sur le trône

À la mort d'Eudes, les Carolingiens tentent de rétablir leur pouvoir. Mais c'est finalement Hugues Capet, le petit-neveu d'Eudes, qui récupère la couronne de Francie occidentale. En 987, il est élu « roi des Francs » par une assemblée de seigneurs et reçoit le sacre. Il associe aussitôt son fils Robert à la royauté et fonde la dynastie capétienne.

À cette époque triomphe la féodalité, une organisation pyramidale du pouvoir : chaque seigneur (dit «vassal») jure fidélité et obéissance à un seigneur plus important (dit «suzerain»); en échange, il reçoit sa protection et une terre (le fief). Hugues Capet occupe le sommet de cette pyramide mais, en réalité, il exerce un pouvoir limité car son royaume est morcelé, et nombre de ses puissants vassaux vivent de façon plus ou moins autonome.

RESPECT !

La cérémonie du sacre assure au roi une autorité incomparable. Il devient le lieutenant de Dieu sur terre.

MALIN !

La société féodale se compose de trois ordres : ceux qui combattent (les seigneurs), ceux qui prient (les religieux) et ceux qui travaillent (les paysans).

CHRONO EXPRESS

- **960** Hugues Capet, duc des Francs
- **968** mariage avec Adelaïde d'Aquitaine
- **972** naissance de son fils Robert
- **987** Hugues Capet, roi des Francs
- **996** Robert II le Pieux, roi des Francs

1095 Début des croisades

- **Moyen Âge**
- **Francs en Terre sainte**, conflit entre chrétiens et musulmans
- **chevalerie**

Le 27 novembre 1095, le pape Urbain II clôt le concile de Clermont, en Auvergne, par un appel à la croisade. Il veut reprendre Jérusalem (Proche-Orient) aux musulmans et délivrer le tombeau du Christ. Aussitôt, une foule de paysans et de gens simples se met en marche. Mais l'armée turque stoppe cette «croisade populaire» à Civitot, en 1096, et massacre environ 20000 personnes.

La même année part la «croisade des chevaliers», qui rassemble plusieurs grands seigneurs francs : Raymond de Saint-Gilles, Godefroi de Bouillon, Baudouin de Boulogne, Hugues de Vermandois... En route, les croisés prennent Édesse et Antioche. Le 15 juillet 1099, ils s'emparent de Jérusalem et se livrent à trois jours de tueries et de saccages.

Forts de leurs victoires, certains croisés décident de rester en Orient et d'y créer des États chrétiens. Cette installation plonge la région dans une longue guerre entre musulmans et chrétiens et provoque sept autres croisades. Vaincus, les derniers Francs quittent la Terre sainte en 1291.

EN VO

Durant les croisades, les chevaliers chrétiens portent une croix brodée sur leurs habits, d'où leur nom de «croisés».

RESPECT !

Les chrétiens considèrent Jérusalem comme une ville sainte et un haut lieu de pèlerinage. Ils visitent notamment le Saint-Sépulcre, le tombeau du Christ.

CHRONO EXPRESS

- **1147-1149** deuxième croisade
- **1189-1192** troisième croisade
- **1202-1204** quatrième croisade
- **1217-1221** cinquième croisade

DUR !

Pillages, dégradations, émeutes sanglantes, persécution des juifs : la «croisade populaire» ravage tout sur son passage!

MALIN !

Les croisés défendent un idéal religieux, mais pas seulement. Beaucoup ont aussi des ambitions personnelles : ils recherchent l'aventure et la gloire, veulent conquérir des terres et faire fortune.

Le message d'Urbain II est relayé par Pierre l'Ermite, un moine zélé qui prend la tête de la «croisade populaire». Composée d'hommes, de femmes et d'enfants, celle-ci forme une troupe désorganisée, quasi incontrôlable.

1228-1229 — sixième croisade

1248-1254 — septième croisade

1270 — huitième croisade

LE DÉTAIL QUI TUE

Pour protéger les pèlerins, il existe des «moines-soldats», comme les Hospitaliers et les Templiers. Moine et soldat : voilà deux fonctions plutôt contradictoires!

- **Moyen Âge** / dynastie capétienne
- **victoire des Francs,** affirmation de la France
- **Philippe II Auguste** (1165-1223)

1214

Bataille de Bouvines

Lorsque Philippe II Auguste devient roi des Francs, en 1180, tout l'ouest de son royaume, de la Normandie à l'Aquitaine, dépend des Plantagenêts, la dynastie des rois d'Angleterre. Philippe Auguste entame donc une habile politique de conquête et gagne du terrain. Piqué au vif, le Plantagenêt Jean sans Terre soulève contre lui une coalition.

Les deux camps se rencontrent le 27 juillet 1214, à Bouvines (Nord-Pas-de-Calais). Philippe Auguste et ses fidèles affrontent l'empereur germanique Otton IV, le comte de Flandre Ferrand et le comte de Boulogne Renaud. Après un combat acharné, Philippe Auguste remporte une victoire totale : Otton prend la fuite, Ferrand et Renaud sont faits prisonniers. Ce succès affirme la supériorité du roi des Francs et fait de la « France » une nation puissante.

RESPECT !

La bataille de Bouvines a lieu un dimanche, le jour du Seigneur. Elle est interprétée comme le jugement de Dieu en faveur des Francs.

LA CLASSE !

Signe de l'unification du royaume, Philippe Auguste remplace son titre de «roi des Francs» par celui de «roi de France».

CHRONO EXPRESS

- **1204** : conquête de la Normandie
- **2 juillet 1214** : victoire de la Roche-aux-Moines, contre les Anglais
- **27 juillet 1214** : victoire de Bouvines, contre les coalisés

- **Moyen Âge** / dynastie capétienne
- renforcement du pouvoir royal, **croisades**
- **Louis IX**, dit Saint Louis (1214-1270)

1226

Saint Louis, roi de France

Louis IX monte sur le trône de France en 1226. Il hérite d'une monarchie capétienne forte, à la tête d'un domaine royal en extension : Île-de-France, Artois, Normandie, Maine, Anjou, Auvergne... Il pacifie et unifie son royaume. Il consolide son pouvoir et met en place une meilleure justice.

Très religieux, il fait construire à Paris la Sainte-Chapelle pour abriter des reliques du Christ. Il fait également la chasse aux « infidèles ». Dans le sud de la France, il réprime durement les cathares, des chrétiens qui ne suivent pas le dogme de l'Église. En Orient, il conduit deux croisades contre les musulmans : durant la septième, il est fait prisonnier; lors de la huitième, il tombe malade et meurt pendant le siège de Tunis, en 1270. Réputé pour sa sagesse et sa grande piété, il est canonisé dès 1297, sous le nom de Saint Louis.

SYMPA !

Saint Louis se veut l'ami des pauvres et des malades. À Paris, il fonde l'hôpital des Quinze-Vingts pour accueillir 300 – 15x20! – aveugles.

AH BON ?

Selon le chroniqueur Joinville, en été, Saint Louis avait l'habitude de rendre la justice dans le bois de Vincennes, assis sous un chêne.

CHRONO EXPRESS

- **1242** victoires de Taillebourg et de Saintes, contre les Anglais
- **1244** prise de Montségur, dernier refuge cathare
- **1248** départ pour la septième croisade
- **1270** départ pour la huitième croisade

• **Moyen Âge**
• **division de l'Église** catholique
• **pape Clément V** (1264-1314)

1309

Papes d'Avignon

Depuis 1054, les chrétiens se divisent en deux branches : les chrétiens «orthodoxes» en Orient et les chrétiens «catholiques» en Occident. Traditionnellement, le chef de l'Église catholique, le pape, vit à Rome. En 1305, la charge revient à un Français : l'archevêque de Bordeaux Bertrand de Got, qui devient le pape Clément V. Mais celui-ci refuse de rejoindre Rome, où règne la plus grande insécurité politique. En 1309, il arrive dans la région d'Avignon (Vaucluse).

Ses successeurs s'installent dans la cité d'Avignon et y construisent le palais des Papes. La situation reste stable jusqu'en 1378, date à laquelle deux papes sont élus, l'un à Avignon, soutenu par les Français, l'autre à Rome, défendu par les Romains. Un troisième pape est même élu à Pise en 1409 ! Cette incroyable rivalité cesse en 1417, avec la reconnaissance du pape de Rome, l'Italien Martin V.

LA CLASSE !

Cité des papes, Avignon abrite l'une des plus brillantes cours d'Europe et connaît un important rayonnement culturel et commercial.

LE DÉTAIL QUI TUE

De l'extérieur, le palais des Papes ressemble à une forteresse. Mais, à l'intérieur, il a tout d'un riche palais, décoré de fresques somptueuses.

CHRONO EXPRESS

- **1335** construction du palais des Papes sous Benoît XII
- **1342** agrandissement par Clément VI
- **1352** aménagements sous Innocent VI

Moyen Âge
épidémie mortelle
flagellants

La peste noire

1347

Apparue en Asie, la peste arrive à Marseille en 1347, par l'intermédiaire de navires génois contaminés : dans leurs cales grouillent des rats couverts de puces infectées par le bacille de Yersin. La maladie revêt deux formes principales. La «peste bubonique» se transmet par les piqûres de puces; elle provoque des «bubons» (gonflements des ganglions) qui noircissent, d'où son nom de «peste noire». La «peste pulmonaire» passe d'homme à homme, par voie respiratoire.

Quoi qu'il en soit, cette terrible maladie est extrêmement contagieuse et bien souvent mortelle. En Europe, l'épidémie est foudroyante. Elle emporte environ un tiers de la population en seulement trois ans. Elle plonge la France dans la peur, le désespoir et le chaos : familles décimées, champs abandonnés, famines, émeutes...

DUR !

Les juifs sont accusés d'empoisonner l'eau pour propager la peste et tuer les chrétiens. Beaucoup sont jetés au bûcher.

TROP GORE !

Les gens voient ce fléau comme une punition divine. Pour se faire pardonner, les «flagellants» organisent des processions et se fouettent jusqu'au sang.

CHRONO EXPRESS

- mars 1348 : après Marseille, la peste gagne Lyon et Toulouse
- août 1348 : Rouen, Paris
- janvier 1349 : Lille
- février 1349 : Strasbourg

- **Moyen Âge** / guerre de Cent Ans / premiers Capétiens-Valois
- **reconquête du royaume**, face aux Anglais
- **Jeanne d'Arc** (1412-1431), **Charles VII** (1403-1461)

1429

Jeanne d'Arc sauve la France

Charles IV décède en 1328, sans descendant. La couronne de France revient donc à son cousin Philippe VI de Valois. Mais le roi d'Angleterre la réclame aussi et décide d'envahir la France. Ainsi débute la guerre de Cent Ans.

D'abord humiliés par de nombreuses défaites, les Français relèvent la tête sous Charles V et son brillant chef militaire Bertrand Du Guesclin, qui récupèrent de nombreux territoires. Puis la situation dégénère de nouveau sous Charles VI, qui devient fou. Les chevaliers français se font massacrer à la bataille d'Azincourt, et les Anglais s'emparent d'une grande partie du royaume.

Arrive alors Jeanne d'Arc, une jeune fille qui se présente comme l'envoyée de Dieu. Elle motive les troupes françaises, prend les armes et délivre Orléans. Ensuite, elle légitime Charles VII en le faisant sacrer roi de France. Mais elle tombe aux mains des Anglais en 1430 et meurt brûlée vive à Rouen en 1431. Pourtant, les Français restent déterminés et achèvent la reconquête du royaume en 1453.

AH BON ?

Philippe VI de Valois récupère la couronne de France en vertu de la «loi salique», qui exclut les femmes de la succession.

SÉQUENCE ÉMOTION

Le 25 février 1429, Jeanne d'Arc rencontre le dauphin Charles à Chinon. Alors qu'elle ne l'a jamais vu, elle le reconnaît, comme par miracle, parmi tous les courtisans.

CHRONO

LA GUERRE DE CENT ANS

- **1337** invasion anglaise
- **1340** défaite navale de l'Écluse
- **1346** défaite de Crécy
- **1356** défaite de Poitiers

HALLUCINANT !

Jeanne d'Arc dit entendre des voix qui lui ordonnent de quitter son village, de « bouter les Anglais hors de France » et de faire sacrer le dauphin Charles à Reims.

Jeanne d'Arc, surnommée « la Pucelle », n'a que 17 ans lorsqu'elle fait le siège d'Orléans, le 8 mai 1429. Après cette grande victoire, elle prend part à d'autres combats : Jargeau, Paris, Saint-Pierre-le-Moûtier…

DUR !

En 1431, Jeanne d'Arc est jugée par un tribunal religieux, dirigé par l'évêque Cauchon. Elle est condamnée pour hérésie (non-respect de la foi catholique) et conduite au bûcher.

1415	1429	1453
défaite d'Azincourt	victoire d'Orléans	victoire de Castillon

LE **DÉTAIL** QUI TUE

La guerre de Cent Ans dure en fait 116 ans, de 1337 à 1453. Cependant, elle connaît des périodes de trêve, notamment pendant la peste noire.

- **Renaissance**
- **guerres d'Italie**, rayonnement culturel
- **François Ier** (1494-1547), **Léonard de Vinci** (1452-1519)
- les **châteaux de la Loire**

SÉQUENCE **ÉMOTION**

Grand vainqueur de la bataille de Marignan, le jeune François Ier demande au chevalier Bayard, le héros des guerres d'Italie, de l'armer chevalier.

HALLUCINANT !

François Ier a pour emblème la salamandre, un animal que l'on dit résistant au feu, capable de se baigner dans les flammes et de les éteindre !

1515

Sacre de François Ier

Couronné le 25 janvier 1515, François Ier hérite d'un royaume fort. Il poursuit les guerres d'Italie, commencées par ses prédécesseurs. En septembre 1515, il remporte une éclatante victoire à Marignan, mais en février 1525 il échoue devant Pavie et se fait capturer par l'empereur Charles Quint. À peine libéré, François Ier reprend les hostilités, sans grand résultat. Le conflit s'enlise et, finalement, les deux hommes acceptent un compromis : la paix de Crépy, en 1544.

En Italie, François Ier découvre l'art de la Renaissance, qu'il introduit en France. Il fait venir auprès de lui plusieurs artistes italiens, dont l'orfèvre Benvenuto Cellini, le peintre Primatice et le génial Léonard de Vinci, qu'il nomme « premier peintre, ingénieur et architecte du roi ».

Sous son impulsion, les austères forteresses médiévales laissent peu à peu la place à d'élégants châteaux, largement ouverts sur de splendides jardins. Le Val de Loire se couvre de joyaux architecturaux, comme le château de Chambord.

CHRONO EXPRESS

- **1514** – mariage avec Claude de France, fille de Louis XII
- **1515** – sacre et victoire de Marignan
- **1520** – entrevue du camp du Drap d'or

AH **BON ?**

La Renaissance se développe en Italie vers 1400. Il s'agit d'un bouleversement des idées et des arts avec, notamment, un retour à la culture gréco-romaine.

LA **STAR**

Invité par François Ier, Léonard de Vinci s'installe à Amboise en 1516. Dans ses bagages se trouve *La Joconde*, l'un des plus célèbres tableaux du monde, aujourd'hui au Louvre.

La cour est itinérante, mais François Ier réside souvent au château de Fontainebleau, qu'il apprécie particulièrement. Il y crée une grande galerie d'apparat, véritable chef-d'œuvre de l'art « Renaissance » en France.

1525
défaite de Pavie et captivité

1530
mariage avec Éléonore de Habsbourg

1539
ordonnance de Villers-Cotterêts

LA **CLASSE !**

En 1520, François Ier de France rencontre Henri VIII d'Angleterre au camp du Drap d'or, ainsi nommé en raison de la luxueuse tente dorée de François Ier.

- **Renaissance**
- **Jacques Cartier** (1491-1557)
- le **Canada**, colonie française

1534

Cartier au Canada

Après la découverte de l'Amérique par Christophe Colomb en 1492, les Espagnols et les Portugais se partagent le monde en 1494 (traité de Tordesillas). Cette situation déplaît à François Ier, qui veut sa part d'or et de richesses. En 1534, il charge le navigateur Jacques Cartier d'explorer l'Amérique du Nord.

Cartier quitte Saint-Malo, traverse l'océan Atlantique et débarque au Canada le 24 juillet 1534. Il établit un premier contact avec la population locale et ramène en France deux Amérindiens. Les années suivantes, il fait deux autres voyages. Il remonte le fleuve Saint-Laurent, le long duquel il installe plusieurs camps, malgré les difficultés : hivers canadiens extrêmement froids, maladies, Amérindiens parfois hostiles… Lorsqu'il rentre en France, en 1542, Cartier n'a pas trouvé d'or, mais il a conquis un bout d'Amérique !

RESPECT !

Jacques Cartier prend possession du Canada au nom du roi de France. À Gaspé, il érige une haute croix marquée de trois fleurs de lys.

MOTIVÉE !

Les Français cèdent le Canada aux Anglais en 1763. Cependant, la province du Québec garde son héritage français, notamment à travers la langue.

CHRONO EXPRESS

- **1534** : premier voyage au Canada
- **1535-1536** : deuxième voyage
- **1541-1542** : troisième voyage

- **Renaissance**
- le **français, langue officielle;** état civil
- renforcement du **pouvoir royal**

EN VO

«Nous voulons d'oresnavant que tous arrests... soient prononcés, enregistrés et délivrés aux parties en langage maternel françois et non autrement», dit l'article 111.

SYMPA !

En France, il y a deux grandes familles linguistiques : les langues d'oïl au nord (dont le français à Paris) et les langues d'oc au sud.

1539

Ordonnance de Villers-Cotterêts

Depuis Hugues Capet, la France a bien changé. Les rois capétiens ont récupéré nombre de fiefs et ont agrandi le domaine royal (terres du roi) jusqu'à ce qu'il couvre presque tout le royaume de France (unité politique). Bilan : le système féodal s'est affaibli et le pouvoir royal s'est renforcé ! Poursuivant cette politique d'unification, François Ier édicte, en août 1539, l'ordonnance de Villers-Cotterêts.

Ce texte très important contient 192 articles – sur la justice, la police et les finances – et prend deux mesures phares. D'une part, il ordonne que tous les actes de justice soient rédigés en français, au lieu du latin : il fait ainsi du français la langue officielle du royaume. D'autre part, il demande aux curés de tenir un registre des baptêmes et des enterrements : c'est le début de l'état civil.

CHRONO

L'ÉVOLUTION DU FRANÇAIS

- 900 : ancien français
- 1300 : français moyen
- 1635 : français classique (Académie française)
- 1800 : français moderne

- **Renaissance**
- **guerres de Religion** entre protestants et catholiques
- **Catherine de Médicis** (1519-1589), **Jean Calvin** (1509-1564)

AH BON ?

Martin Luther reproche à l'Église catholique son train de vie luxueux et son commerce des indulgences, c'est-à-dire le pardon des péchés contre de l'argent.

MALIN !

Protestant, Henri de Navarre accepte de se convertir au catholicisme en 1593 pour devenir roi de France, sous le nom d'Henri IV. Il fonde la dynastie des Capétiens-Bourbons.

1572

Saint-Barthélemy

En 1517, l'Allemand Martin Luther a publiquement contesté l'Église catholique. Son coup d'éclat a déclenché le mouvement de la Réforme et provoqué une nouvelle division des chrétiens : d'un côté, les catholiques, et de l'autre, les partisans de la Réforme, appelés « protestants » ou « huguenots ».

En 1562, des protestants sont tués à Wassy; la France sombre alors dans la guerre civile. En août 1572, la noblesse protestante est réunie à Paris pour célébrer le mariage d'Henri de Navarre et de Marguerite de Valois, fille de Catherine de Médicis et sœur du roi Charles IX. Poussé par ses proches, le roi en profite pour éliminer les chefs protestants.

Le 24 août, jour de la Saint-Barthélemy, les hommes du duc de Guise tuent l'amiral de Coligny et 200 autres nobles. Au petit matin, en découvrant le carnage, les Parisiens basculent à leur tour dans la folie meurtrière. Pendant trois jours, ils pourchassent et massacrent les protestants de la capitale. Cette ivresse sanguinaire touche également plusieurs villes de province, jusqu'en octobre.

CHRONO EXPRESS

- **1562** massacre de huguenots à Wassy
- **1569** Condé, chef des huguenots, tué à Jarnac
- **1572** massacre de huguenots à la Saint-Barthélemy

À Paris, la tuerie collective fait environ 3000 morts. Dans toute la France, elle fauche entre 20000 et 30000 huguenots, hommes, femmes et enfants ! Elle s'accompagne de pillages et de règlements de compte.

LA **STAR**

Jean Calvin est la principale figure de la Réforme en France, à l'origine du «calvinisme».

MOTIVÉE !

Catherine de Médicis, qui exerce le pouvoir à travers ses fils, se montre d'abord tolérante envers les protestants... avant de les combattre pour rétablir l'autorité royale.

1576 De Guise à la tête de la Ligue catholique

1588 De Guise assassiné à Blois

1598 signature de l'édit de Nantes

SYMPA !

Les guerres de Religion finissent le 13 avril 1598, quand le roi Henri IV signe l'édit de Nantes, qui reconnaît et autorise la religion protestante.

- **Grand Siècle** / dynastie des Capétiens-Bourbons
- **monarchie absolue**, rayonnement de la France
- **château de Versailles**

1661

Louis XIV, le Roi-Soleil

Louis XIV devient roi à l'âge de 5 ans, lorsque son père, Louis XIII, meurt. Toutefois, il ne dirige lui-même le royaume de France qu'à 22 ans. Ambitieux, il affirme sa suprématie en Europe et accroît son territoire, au prix de nombreuses guerres.

Roi bâtisseur, il assoit son prestige sur de grandes réalisations architecturales, comme le château de Versailles où il donne des fêtes somptueuses. Il assure le rayonnement de la France à travers les arts, les lettres et les sciences. Il apprécie particulièrement la musique de Lully et le théâtre de Molière, Corneille et Racine. Louis XIV aime aussi la compagnie des femmes. Marié à Marie-Thérèse d'Autriche, il multiplie néanmoins les conquêtes : Mlle de La Vallière, Mme de Montespan, Mme de Maintenon…

Mais ce déploiement de puissance et de faste coûte très cher. Pendant que les nobles s'amusent à Versailles, le peuple est accablé d'impôts et vit dans une misère noire. De plus, Louis XIV se montre hostile aux protestants et révoque l'édit de Nantes.

SYMPA !

Durant la jeunesse de Louis XIV, la régence est confiée à sa mère, Anne d'Autriche, qui gouverne avec l'aide du cardinal Mazarin.

LA CLASSE !

Louis XIV adopte l'emblème du soleil car il veut être le centre du monde, unique et étincelant. Il se compare volontiers à Apollon, le dieu grec de la lumière et de la beauté.

CHRONO EXPRESS

- **1638** : naissance de Louis XIV
- **1654** : sacre, à 16 ans
- **1661** : début du règne personnel
- **1682** : installation de la cour à Versailles

Célèbre pour son architecture «classique» pensée par Le Vau et Hardouin-Mansart, sa galerie des Glaces décorée par Le Brun et ses jardins conçus par Le Nôtre, le château de Versailles fait la fierté de Louis XIV.

RESPECT !

Louis XIV fait triompher la monarchie absolue de droit divin. Il dirige seul l'ensemble de son royaume et pense tenir sa charge de Dieu.

MALIN !

Louis XIV conçoit Versailles comme une «prison» dorée. Il y attire la noblesse pour mieux la contrôler. Il l'oblige à suivre un cérémonial strict : l'étiquette.

1685 — révocation de l'édit de Nantes

1715 — mort de Louis XIV

LE POTIN

Gouvernante des bâtards royaux de Mme de Montespan, Mme de Maintenon gagne le cœur de Louis XIV, qui l'épouse secrètement à la mort de sa femme, en 1683.

- **Siècle des lumières** / Louis XV
- **esprit des Lumières**
- **Denis Diderot** (1713-1784) et **Jean Le Rond d'Alembert** (1717-1783)

1751

Publication de l'*Encyclopédie*

À partir de 1751, le philosophe Diderot et le mathématicien d'Alembert commencent à publier l'*Encyclopédie*, un énorme dictionnaire des sciences, des arts et des métiers. Ils veulent rassembler tous les savoirs de leur époque, aussi s'assurent-ils la participation des meilleurs spécialistes. Outre Diderot et d'Alembert, plus de 160 savants et écrivains rédigent des articles : le chevalier de Jaucourt, Rousseau, Voltaire…

À travers l'*Encyclopédie*, ces hommes diffusent les idées des Lumières, une nouvelle façon de penser qui met en avant la raison, la démarche scientifique, le progrès, la liberté et la tolérance. Malgré les reproches et les interdictions des autorités, ils n'hésitent pas à critiquer le pouvoir royal et l'Église catholique. En bref, c'est le début de la Révolution française !

SYMPA !

Protectrice des arts et des lettres, Mme de Pompadour, favorite du roi Louis XV, encourage la publication des deux premiers volumes de l'*Encyclopédie*.

HALLUCINANT !

Publiée sur 30 ans, l'*Encyclopédie* compte 35 volumes : 17 de textes, 11 d'illustrations, 5 de suppléments et 2 de table des matières.

CHRONO EXPRESS

- **1751** : parution du premier volume de textes
- **1772** : parution du dernier volume d'illustrations
- **1776** : parution du « Supplément »
- **1780** : parution de la « Table »

- **Siècle des lumières** / Louis XVI
- **guerre de l'Indépendance** américaine
- **La Fayette** (1757-1834)

1777

La Fayette en Amérique

Issu de la noblesse d'Auvergne, Gilbert Motier, marquis de La Fayette, reçoit une solide éducation militaire. En 1775, lorsque la guerre de l'Indépendance américaine éclate, il a 18 ans. Ce « vent de liberté » l'enthousiasme. Il prend fait et cause pour les « rebelles » américains, opposés aux colons anglais. En 1777, il quitte la France et rejoint George Washington, le chef de l'armée révolutionnaire américaine.

Deux ans plus tard, il persuade les Français de soutenir militairement les Américains. En 1781, à la bataille de Yorktown, les forces franco-américaines remportent une victoire décisive sur les troupes anglaises, et La Fayette sort du conflit auréolé de gloire. Par la suite, il participe activement à la Révolution française (1789) et à la révolution des Trois Glorieuses (1830). Il est surnommé le « héros des deux mondes ».

MOTIVÉ !

Malgré l'interdiction de Louis XVI, le jeune marquis de La Fayette veut absolument partir pour l'Amérique : il s'enfuit et embarque secrètement en Espagne.

BIEN DIT !

En 1917, alors que les Américains entrent dans la Première Guerre mondiale aux côtés de la France, le colonel Stanton déclare : « La Fayette, nous voilà ! »

CHRONO EXPRESS

- **1777** blessure à la bataille de Brandywine
- **1779** mission diplomatique en France
- **1781** victoire de Yorktown
- **1784** voyage triomphal en Amérique

- **Révolution française** / Louis XVI
- **abolition des privilèges**, Déclaration des droits de l'homme et du citoyen
- **fête nationale** française

AH BON ?

Les représentants arrivent aux États généraux avec des «cahiers de doléances» réunissant les plaintes et les revendications des Français.

EN VO

Une constitution est un ensemble de lois fondamentales. Elle s'impose à tous, y compris au roi qui perd son pouvoir absolu.

1789

Prise de la Bastille

Sous le règne de Louis XVI, la France va mal : crise économique et financière, mauvaises récoltes, misère, etc. Pour tenter de résoudre ces problèmes, le roi convoque les États généraux le 5 mai 1789. Cette grande assemblée réunit des représentants des trois ordres : le clergé, la noblesse et le tiers état (la majorité de la population).

Les représentants du tiers état espèrent des réformes… en vain. Le 17 juin, ils se proclament Assemblée nationale, et, le 20 juin, ils jurent de ne pas se séparer avant d'avoir donné une constitution à la France ; c'est le serment du Jeu de paume. Inquiet, Louis XVI positionne des troupes autour de Paris, ce qui affole les Parisiens.

Le 14 juillet, ces derniers attaquent les Invalides et la Bastille pour prendre des armes. Ainsi débute la Révolution. Alors que les campagnes s'enflamment à leur tour, l'Assemblée nationale jette les bases d'une société nouvelle : elle vote l'abolition des privilèges le 4 août et la Déclaration des droits de l'homme et du citoyen le 26.

CHRONO EXPRESS

- 5 octobre **1789** — **marche des Parisiennes sur Versailles**
- 6 octobre **1789** — **retour de la famille royale à Paris**
- 14 juillet **1790** — **fête de la Fédération au Champ-de-Mars**

Le 14 juillet 1789, des Parisiens en furie s'emparent de la Bastille, une forteresse-prison, symbole du pouvoir royal. Ils la pillent et la démolissent. Cet événement est à l'origine de la fête nationale française.

TROP **GORE** !

Les révolutionnaires trucident et décapitent le gouverneur de la Bastille, le marquis de Launay, puis promènent sa tête au bout d'une pique à travers Paris !

SYMPA !

L'abolition des privilèges met fin au système féodal. La noblesse et le clergé (les religieux) perdent leurs avantages. Dorénavant, ils payeront des impôts, comme le tiers état.

juin **1791**
fuite du roi et arrestation à Varennes

3 septembre **1791**
adoption de la première Constitution

14 septembre **1791**
serment du roi sur la Constitution

BIEN **DIT** !

« Les hommes naissent et demeurent libres et égaux en droits », article I de la Déclaration des droits de l'homme et du citoyen.

- **Révolution française** / Ire République (1792-1799)
- **fin de la monarchie**
- **Robespierre** (1758-1794)

Ire République 1792

Trois ans après le début de la Révolution, les révolutionnaires redoutent une intervention autrichienne pour secourir le roi. Le 20 avril 1792, ils déclarent la guerre à l'Autriche. Le 10 août, ils prennent d'assaut le palais des Tuileries et enferment la famille royale dans la prison du Temple. Le 20 septembre, ils battent les troupes autrichiennes à la bataille de Valmy.

Les révolutionnaires veulent en finir avec la monarchie : le 21 septembre, ils proclament la République. Dès lors, une nouvelle assemblée, appelée Convention, dirige et réorganise la France. Mais ce changement de régime ne se fait pas sans effusion de sang : le roi Louis XVI et la reine Marie-Antoinette sont condamnés à mort et guillotinés place de la Révolution (actuelle place de la Concorde) ; l'armée nationale se bat aux frontières ; la guerre civile fait rage, surtout en Vendée.

La Convention confie le pouvoir à Maximilien Robespierre. Celui-ci mène une politique répressive, dite de «terreur», jusqu'au 28 juillet 1794, date à laquelle il est lui-même guillotiné !

EN VO

On nomme «sans-culottes» les révolutionnaires issus du peuple car ils ne portent pas une culotte de soie comme les nobles, mais un simple... pantalon !

RESPECT !

La république est un système politique qui donne l'autorité au peuple. Ce dernier exerce son pouvoir en élisant des représentants qui gouvernent en son nom.

CHRONO EXPRESS

- 21 septembre 1792 — **abolition de la royauté et instauration de la République**
- 21 janvier 1793 — **exécution de Louis XVI**
- 5 septembre 1793 — **début de la Terreur**

Le 10 août 1792, une foule de sans-culottes s'empare du palais des Tuileries. La famille royale est épargnée, mais ses gardes suisses et ses domestiques sont massacrés. Cette journée marque la déchéance du pouvoir royal.

MOTIVÉE !

La Convention multiplie les réformes. Elle change même le calendrier. Les mois s'appellent : nivôse, ventôse, germinal, floréal, messidor, thermidor, brumaire, frimaire, etc.

MALIN !

Outrée par l'exclusion des femmes de la vie politique, Olympe de Gouges rédige la «Déclaration des droits de la femme et de la citoyenne».

ctobre **1793** — exécution de Marie-Antoinette

28 juillet **1794** — fin de la Terreur

22 août **1795** — mise en place du Directoire

LA CLASSE !

Chant militaire patriotique composé par Claude-Joseph Rouget de Lisle en 1792, «La Marseillaise» devient chant national en 1795 et hymne national en 1879.

- **Premier Empire** (1804-1814)
- **conquête de l'Europe, Code civil**
- **Napoléon Ier** (1769-1821)

SYMPA !

Lors de la campagne d'Égypte, en 1798, Napoléon emmène avec lui 167 savants chargés d'étudier le pays. Grâce à lui, la civilisation des pharaons refait surface.

MOTIVÉ !

Napoléon dort peu, environ 4 heures par nuit. Le reste du temps, il travaille avec acharnement, dictant parfois plusieurs lettres en même temps.

1804

Napoléon Ier, empereur

D'origine corse, Napoléon Bonaparte débute sa carrière dans l'armée de la toute nouvelle République française. Fort de ses succès en Italie et en Égypte, il prend le pouvoir le 18 brumaire (9 novembre) 1799 : il renverse le Directoire et crée le Consulat.

Nommé Premier consul, il concentre entre ses mains l'essentiel du pouvoir et réorganise totalement l'État français. Le 2 décembre 1804, au faîte de sa gloire, il se fait couronner empereur des Français, sous le nom de Napoléon Ier. Puis il se lance à la conquête de l'Europe. Stratège de génie, il vole de victoire en victoire et, en 1811, contrôle un immense territoire.

Mais, à partir de 1812, la situation s'inverse : sa Grande Armée est anéantie en Russie et les échecs s'enchaînent. Le 6 avril 1814, Napoléon est contraint d'abdiquer et de s'exiler sur l'île d'Elbe. En mars 1815, il s'échappe et reprend le pouvoir… jusqu'à la défaite de Waterloo, en juin ! Définitivement banni, il finit sa vie sur l'île de Sainte-Hélène.

CHRONO EXPRESS

1798 — victoire des Pyramides, contre les Mamelouks

1805 — défaite de Trafalgar, face aux Anglais ; victoire d'Austerlitz, contre les Autrichiens et les Russes

1806 — victoire de Iéna, contre les Prussiens

QUEL **TALENT !**

Napoléon crée le Conseil d'État, la Banque de France, la Légion d'honneur, les lycées... En 1804, il promulgue le Code civil français, qui fixe les lois relatives aux personnes et aux biens.

DUR !

Napoléon reste 6 ans à Sainte-Hélène, un îlot volcanique, isolé au milieu de l'océan Atlantique. Il vit dans une habitation sans confort, entouré d'une poignée de fidèles.

La bataille d'Austerlitz (en République tchèque) se déroule le 2 décembre 1805, jour du premier anniversaire du sacre de Napoléon Ier. Elle est considérée comme sa plus grande victoire et son chef-d'œuvre stratégique.

1807 — victoire de Friedland, contre les Russes

1809 — victoire de Wagram, contre les Autrichiens

1815 — défaite de Waterloo, face aux Anglais et à leurs alliés

LE **POTIN**

Napoléon épouse d'abord Joséphine de Beauharnais. Mais, comme elle reste stérile, il divorce et se remarie avec Marie-Louise d'Autriche, qui lui donne un fils.

Les Trois Glorieuses

1830

- **monarchie de Juillet** (1830-1848)
- **insurrection** populaire
- **Charles X** (1757-1836) et **Louis-Philippe Ier** (1773-1850)

Après la chute de l'Empire, c'est le retour de la monarchie : la Restauration. Deux frères de Louis XVI montent successivement sur le trône : Louis XVIII et Charles X. Ce dernier méprise les idées de la Révolution et veut revenir à l'Ancien Régime. Sa politique impopulaire déclenche une insurrection à Paris. Durant les journées des 27, 28 et 29 juillet 1830, les Trois Glorieuses, des commerçants, des ouvriers et des étudiants dressent des barricades et prennent le contrôle de la capitale.

Chassé du pouvoir et contraint à l'exil, Charles X est remplacé par son cousin : Louis-Philippe Ier. Celui-ci instaure un régime favorable à la bourgeoisie d'affaires et soutient le développement économique de la France, mais il s'occupe peu du peuple. Son règne s'appelle la monarchie de Juillet.

QUEL TALENT !

Témoin des Trois Glorieuses, Eugène Delacroix s'inspire de cet événement pour peindre l'un de ses plus célèbres tableaux : *La Liberté guidant le peuple.*

RESPECT !

À Paris, au centre de la place de la Bastille, la colonne de Juillet rend hommage aux victimes des Trois Glorieuses.

CHRONO EXPRESS

- **1831** révolte des canuts (ouvriers de la soie) à Lyon
- **1832** épidémie de choléra
- **1834** émeutes à Lyon et à Paris
- **1835** attentat manqué contre Louis-Philippe

- **IIe République** (1848-1852)
- **suffrage universel**, abolition de l'esclavage
- **Alphonse de Lamartine** (1790-1869)

AH BON ?

Début 1848, un vent de révolte souffle sur toute l'Europe : Naples, Paris, Berlin, Vienne, Prague… C'est le « Printemps des peuples ».

LA STAR

Le 25 février 1848, Alphonse de Lamartine impose le drapeau tricolore comme emblème national, au lieu du drapeau rouge.

IIe République

1848

La misère du peuple et les inégalités sociales déstabilisent la monarchie de Juillet. Les 22, 23 et 24 février 1848, les Parisiens se soulèvent. Désemparé, Louis-Philippe Ier, le dernier roi de France, abdique. Les insurgés proclament la IIe République et forment un gouvernement provisoire, composé de personnalités diverses comme le poète Alphonse de Lamartine et l'astronome François Arago.

Ce gouvernement prend plusieurs mesures phares. Il établit le suffrage universel : auparavant, seuls les riches pouvaient voter ; désormais tous les hommes d'au moins 21 ans y sont autorisés… les hommes mais pas les femmes ! Il affirme la liberté de la presse et le droit de se réunir. Il supprime la peine de mort en matière politique. Sur proposition du sous-secrétaire d'État Victor Schœlcher, il décrète l'abolition définitive de l'esclavage dans les colonies françaises.

CHRONO EXPRESS

- 27 avril 1848 : abolition de l'esclavage
- 4 mai 1848 : siège de l'Assemblée constituante
- 4 novembre 1848 : vote de la nouvelle Constitution

- **révolution industrielle**
- **machine à vapeur**, chemin de fer
- **centralisation** sur Paris

1849

Ouverture de la gare de l'Est

En 1849, les Parisiens découvrent l'« embarcadère de Strasbourg », la future gare de l'Est, construit par la Compagnie du chemin de fer de Paris à Strasbourg. Cette grande gare est la première d'une longue série. Elle symbolise à merveille la révolution industrielle qui bouleverse profondément la société française depuis quelques années.

Cette mutation se caractérise par une suite d'inventions et touche tous les domaines : travail, transport, communication. Une première révolution industrielle repose sur la machine à vapeur, le charbon, la métallurgie, l'industrie textile, le chemin de fer... Une deuxième révolution industrielle s'appuie sur l'électricité, le gaz, le pétrole, l'ampoule, le téléphone, l'automobile...

Cette industrialisation profite aux entrepreneurs et aux banquiers, membres de la bourgeoisie, mais elle maintient dans la précarité la main-d'œuvre pauvre, souvent venue des campagnes pour travailler à la mine ou à l'usine, qui forme la classe ouvrière.

AH BON ?

La révolution industrielle naît au Royaume-Uni, dans les années 1760. Ensuite, elle se diffuse en Europe et arrive en France vers 1830.

RESPECT !

La révolution industrielle est sans doute le plus important changement depuis la révolution néolithique et l'invention de l'agriculture.

CHRONO LES GRANDES INVENTIONS

- **1804** locomotive à vapeur (Richard Trevithick)
- **1876** téléphone (Graham Bell)
- **1886** voiture (Carl Benz)

Le train à vapeur devient le principal moyen de transport sur longues distances. Dans les années 1830, un immense effort d'aménagement du territoire est entrepris pour relier Paris à toutes les grandes villes de France.

SYMPA !

Avec l'industrialisation se développe l'architecture métallique (fonte, fer, acier). Elle sert à bâtir des gares, des grands magasins, des ponts, des usines, des églises…

DUR !

Dans les usines, beaucoup d'enfants travaillent pour une bouchée de pain. Le 22 mars 1841, une première loi interdit l'embauche des moins de 8 ans.

- **1903** — avion (Orville et Wilbur Wright)
- **1926** — télévision (John Baird)
- **1946** — ordinateur (John Eckert et John Mauchly)

MALIN !

De nos jours, on parle parfois d'une « troisième révolution industrielle », basée sur les énergies renouvelables, l'informatique, le numérique, Internet…

- **Second Empire** (1852-1870)
- **révolution industrielle**, transformation de Paris
- **Napoléon III** (1808-1873)

HALLUCINANT !

L'impératrice Eugénie possède une fabuleuse collection de bijoux et de crinolines, des robes spectaculaires, gonflées par un jupon à cerceaux métalliques.

LA HAINE !

L'écrivain Victor Hugo déteste Napoléon III. Il le critique violemment et le surnomme «Napoléon le petit».

1852

Second Empire

Élu président de la IIe République le 10 décembre 1848, Louis-Napoléon Bonaparte, le neveu de l'empereur Napoléon Ier, défend l'héritage napoléonien et rêve de rétablir l'Empire. Le 2 décembre 1851, il organise un coup d'État et dissout l'Assemblée. Le 2 décembre 1852, il se fait proclamer empereur des Français sous le nom de Napoléon III. Le 30 janvier 1853, il épouse une belle Espagnole, Eugénie de Montijo, qui lui donne un fils.

Sous le Second Empire, la révolution industrielle bat son plein, la France est prospère. Napoléon III confie au baron Haussmann la mission de moderniser Paris. Le baron rase des quartiers entiers pour ouvrir de larges boulevards et construire des immeubles en pierre de taille. Les Parisiens assistent à la naissance des grands magasins, comme le *Bon Marché*, ouvert en 1852.

CHRONO
LES NOUVEAUX MONUMENTS DE PARIS

- **1852** — cirque d'hiver, par Hittorff
- **1854** — halles centrales, par Baltard
- **1860** — théâtre du Châtelet et théâtre de la Ville, par Davioud
- **1862** — opéra, par Garnier

- **IIIe République** (1870-1940)
- **guerre franco-prussienne**
- **Léon Gambetta** (1838-1882)

IIIe République 1870

Napoléon III ne voit pas d'un bon œil la montée en puissance de la Prusse. Le 19 juillet 1870, il déclare la guerre au roi Guillaume Ier de Prusse. Mais l'armée française est inférieure en nombre, désorganisée et mal commandée. Elle s'incline devant les Prussiens, qui envahissent l'Alsace et la Lorraine. Le 2 septembre, Napoléon III capitule à Sedan ; il est fait prisonnier. Le 4 septembre, Léon Gambetta, Jules Favre et d'autres députés prononcent sa déchéance ; soutenus par la foule, ils proclament la IIIe République.

De leur côté, les Prussiens poursuivent leur offensive. Ils encerclent Paris le 19 septembre et bombardent violemment la capitale. Acculé, le gouvernement provisoire français demande l'armistice le 28 janvier 1871. L'Alsace et une partie de la Lorraine reviennent à la Prusse.

MALIN !

Le 7 octobre 1870, Léon Gambetta quitte Paris, assiégé, à bord d'un ballon et rejoint Tours pour essayer d'organiser la résistance.

TROP GORE !

Coupés du monde, les Parisiens, affamés, mangent des chats, des chiens, des rats et même des animaux du Jardin des plantes : chameaux, éléphants, kangourous...

CHRONO

LA GUERRE FRANCO-PRUSSIENNE

- **2 septembre 1870** : défaite de Sedan
- **27 octobre 1870** : prise de Metz
- **28 janvier 1871** : armistice
- **10 mai 1871** : traité de Francfort

- **IIIe République**
- **révolte**
- **Louise Michel** (1830-1905)

1871 Commune de Paris

Les Parisiens vivent très mal la capitulation de la France face à la Prusse et n'apprécient pas le nouveau gouvernement, installé à Versailles et dirigé par Adolphe Thiers. Le 18 mars 1871, ils se soulèvent et élisent leur propre instance dirigeante, la Commune. Celle-ci veut changer la société : elle propose des réformes en faveur des ouvriers et milite pour l'émancipation des femmes.

Prêt à tout pour reconquérir Paris, Thiers envoie l'armée. Du 21 au 28 mai, durant la «Semaine sanglante», les combats font rage. Les communards résistent avec acharnement, mais ils succombent à l'impitoyable répression des Versaillais. Environ 20000 communards trouvent la mort, souvent fusillés; beaucoup d'autres sont emprisonnés, condamnés aux travaux forcés ou déportés en Algérie et en Nouvelle-Calédonie.

LA STAR

Figure emblématique de la Commune, surnommée la Vierge rouge, Louise Michel combat sur les barricades… avant d'être déportée en Nouvelle-Calédonie.

TROP GORE !

Réfugiés dans le cimetière du Père-Lachaise, les derniers communards meurent fusillés contre le mur des Fédérés.

CHRONO EXPRESS

- **11 mai 1871** : démolition de la maison parisienne de Thiers
- **16 mai 1871** : destruction de la colonne Vendôme
- **23 mai 1871** : incendie du palais des Tuileries
- **24 mai 1871** : incendie de l'Hôtel de ville

L'école de Jules Ferry

1881

- **IIIe République**
- **école gratuite**, obligatoire et laïque
- **Jules Ferry** (1832-1893)

Homme de progrès, plusieurs fois ministre, Jules Ferry engage la France dans de grandes réformes. Il est particulièrement connu pour ses lois sur l'instruction publique. Le 16 juin 1881, il instaure la gratuité de l'enseignement primaire dans les écoles publiques. Le 28 mars 1882, il rend l'instruction obligatoire pour tous les enfants entre 6 et 13 ans. Il fait également de l'école publique une institution strictement laïque, c'est-à-dire sans connotation religieuse.

Ouverte à tous, l'école républicaine défend l'égalité des chances. Elle assure aussi l'unité de la nation. En effet, les instituteurs et les institutrices donnent des cours de morale et d'instruction civique. De plus, ils imposent le français, au détriment des langues régionales et des patois, qui sont interdits en classe.

AH BON ?

À l'époque de Jules Ferry, les filles et les garçons sont séparés à l'école. Il faut attendre le 11 juillet 1975 pour que la loi Haby rende la mixité obligatoire à l'école.

MALIN !

Célèbre manuel de 1877, *Le Tour de la France par deux enfants* met en avant la connaissance et l'amour de la patrie.

CHRONO EXPRESS

- **1882** : école obligatoire jusqu'à 13 ans
- **1936** : école obligatoire jusqu'à 14 ans
- **1959** : école obligatoire jusqu'à 16 ans

- **IIIe République**
- **affaire d'État**
- **Alfred Dreyfus** (1859-1935)

1894

Affaire Dreyfus

Issu d'une riche famille juive alsacienne, le capitaine Alfred Dreyfus rêve de faire carrière dans l'armée française. Mais, en 1894, il est accusé d'espionnage au profit de l'Allemagne et traduit devant le Conseil de guerre. Bien qu'il clame son innocence, Alfred Dreyfus est condamné à la déportation perpétuelle et envoyé sur l'île du Diable, en Guyane.

Cette décision divise profondément l'opinion publique et déclenche une crise nationale. Les dreyfusards parlent d'un procès truqué, sans preuve; ils crient à l'injustice. Les antidreyfusards refusent de désavouer l'armée et laissent éclater leur antisémitisme (haine des juifs). Finalement, les dreyfusards obtiennent la révision du procès. Alfred Dreyfus est gracié en 1899, puis innocenté et réintégré dans l'armée en 1906.

DUR !

Alfred Dreyfus est dégradé le 5 janvier 1895, dans la cour d'honneur de l'École militaire de Paris, lors d'une humiliante cérémonie publique.

MOTIVÉ !

Le 13 janvier 1898, Émile Zola publie dans le journal *L'Aurore* son fameux «J'accuse...!», un article qui défend Alfred Dreyfus.

CHRONO EXPRESS

- **22 décembre 1894** — **condamnation**
- **5 janvier 1895** — **destitution du grade militaire**
- **21 février 1895** — **déportation**
- **21 juillet 1906** — **réhabilitation et fait chevalier de la Légion d'honneur**

- **IIIe République**
- loi sur la **laïcité**
- **Aristide Briand** (1862-1932)

Séparation de l'Église et de l'État 1905

Depuis la Révolution de 1789, la France suit un long processus de laïcisation de la société et de l'État. Elle franchit une étape décisive avec la loi de séparation de l'Église et de l'État, soutenue par le député socialiste Aristide Briand et votée le 9 décembre 1905. Premièrement, cette loi assure la liberté de conscience et garantit le libre exercice des cultes : chacun peut croire ce qu'il veut. Deuxièmement, elle établit la neutralité religieuse : l'État ne soutient aucune religion.

Cette loi est assortie de dispositions qui touchent notamment l'Église catholique : l'État ne rémunère plus les prêtres ; il ne s'occupe plus de la nomination des évêques ; il se déclare propriétaire des églises et autres édifices religieux, qu'il entretient et confie gratuitement à des associations culturelles.

BIEN DIT !

« La République ne reconnaît, ne salarie ni ne subventionne aucun culte », déclare l'article 2 de la loi de 1905.

LE DÉTAIL QUI TUE

Allemandes en 1905, l'Alsace et la Moselle n'adoptent pas la loi de séparation de l'Église et de l'État. Encore aujourd'hui, elles jouissent d'un statut particulier.

CHRONO – LA LAÏCITÉ EN MARCHE

- **1789** : liberté de conscience
- **1792** : état civil et mariage civil
- **1882** : école laïque
- **1885** : funérailles nationales et laïques de Victor Hugo

- **Première Guerre mondiale** (1914-1918)
- guerre de **tranchées, poilus**
- **8,4 millions** de Français mobilisés; **1,4 million** de tués

AH BON ?

Durant le conflit, le monde se divise en deux blocs. Du côté de la France, le Royaume-Uni, la Russie, les États-Unis... Du côté de l'Allemagne, l'Autriche-Hongrie, la Bulgarie...

MALIN !

Jour et nuit, la Voie sacrée (la route entre Verdun et Bar-le-Duc) supporte une file continue de véhicules qui acheminent les hommes et le matériel.

1916

Bataille de Verdun

Le 28 juin 1914, l'assassinat de l'archiduc austro-hongrois François-Ferdinand, à Sarajevo, déclenche la Première Guerre mondiale. Le 3 août 1914, l'Allemagne déclare la guerre à la France et envahit une partie de son territoire. Les deux armées se stabilisent face à face sur une ligne qui s'étend de la mer du Nord à la frontière suisse. Ainsi commence la guerre de tranchées : les soldats s'enterrent et s'accrochent à leur position; toute avancée se fait au prix d'assauts meurtriers.

Durant l'année 1916, les Français affrontent les Allemands à Verdun et livrent leur plus célèbre bataille. Ils se battent avec acharnement et stoppent l'ennemi, mais les pertes humaines sont considérables : 163 000 Français et 143 000 Allemands !

La guerre se poursuit avec son lot d'horreurs jusqu'en 1918. Épuisée, l'Allemagne est finalement battue. Elle signe l'armistice le 11 novembre 1918 et accepte le traité de Versailles le 28 juin 1919. Ce texte l'oblige à rendre l'Alsace-Lorraine à la France.

CHRONO
LES GRANDES BATAILLES DE LA PREMIÈRE GUERRE MONDIALE

- septembre **1914** — **1re bataille de la Marne**
- février-avril **1915** — **bataille des Éparges**
- février-décembre **1916** — **bataille de Verdun**

Dans les tranchées, les soldats vivent la peur au ventre. Ils subissent le froid et la pluie qui transforme le moindre boyau en bourbier. Ils dorment peu, tout habillés. Ils se lavent à peine. Ils mangent mal.

EN VO

Pourquoi le soldat français est-il surnommé «poilu»? Selon certains, parce qu'il ne se rase pas. Selon d'autres, parce que «poilu» signifie «brave» en argot.

TROP GORE !

Les poilus sont armés d'un fusil au bout duquel ils peuvent adapter une lame appelée baïonnette. Ils se battent aussi au couteau, au casse-tête ou à la grenade.

...illet-novembre 1916
bataille de la Somme

avril-mai 1917
bataille du Chemin des Dames

juillet 1918
2e bataille de la Marne

DUR !

Cette guerre a mobilisé plus de 60 millions de soldats du monde entier : environ 10 millions ont été tués et plus de 20 millions ont été blessés. Elle a aussi causé la mort de nombreux civils.

- **IIIe République**
- **colonisation**, parcs d'attractions
- **succès populaire**

1931

Exposition coloniale

Le 6 mai 1931, une grande exposition coloniale ouvre ses portes à l'orée du bois de Vincennes, à Paris. Elle se veut la vitrine de l'empire français, qui compte des colonies aux quatre coins du monde : Maghreb, Afrique occidentale, Afrique équatoriale, océan Indien, Indochine (Asie du Sud-Est), océan Pacifique, Antilles... Son succès est immense.

Pendant 6 mois, près de 34 millions de visiteurs découvrent les colonies à travers des reconstitutions pittoresques : temples, palais, souks, villages africains... et toutes sortes d'animations exotiques : spectacles de danse, démonstrations artisanales, dégustations de nourriture, promenades à dos de dromadaire... Ils se familiarisent également avec la faune des colonies grâce à un aquarium tropical et à un parc zoologique, à l'origine du zoo de Vincennes.

AH BON ?

Sous la IIIe République, la France possède le deuxième plus grand empire colonial du monde, derrière le Royaume-Uni.

LA CLASSE !

Le clou de l'exposition est la réplique exacte du temple d'Angkor Vat (Cambodge), un vaste édifice surmonté de 5 tours, dont une de 55 m au centre.

CHRONO

LA COLONISATION FRANÇAISE

- **1635** Guadeloupe et Martinique
- **1638** Réunion
- **1842** Tahiti
- **1853** Nouvelle-Calédonie

- **IIIe République**
- **grèves, réformes**
- **congés payés**

BIEN DIT !

Le Front populaire résume son programme par un slogan : «Le pain, la paix, la liberté». Il veut lutter contre la misère, les menaces de guerre et la montée du fascisme.

SYMPA !

Soucieux du bien-être des Français, le gouvernement crée un sous-secrétariat aux Sports et à l'Organisation des loisirs !

1936

Front populaire

Lors des élections législatives des 26 avril et 3 mai 1936, les partis politiques de gauche (communiste, socialiste, radical) remportent une large majorité, dite de « Front populaire ». Dans la foulée, de nombreux Français se mettent en grève pour réclamer de meilleures conditions de vie. Un nouveau gouvernement est nommé le 4 juin 1936, dirigé par le socialiste Léon Blum.

À l'écoute des revendications populaires, celui-ci engage de grandes réformes : augmentation des salaires de 7 % à 15 %, réduction de la semaine de travail à 40 heures, instauration des congés payés (soit 15 jours non travaillés et rémunérés par an)… Durant l'été 1936, une foule d'ouvriers et d'employés prennent leurs premiers congés payés et découvrent les joies des vacances à la campagne, à la montagne ou à la mer.

CHRONO EXPRESS

- 7-8 juin **1936** : augmentation des salaires (accords de Matignon)
- 20 juin **1936** : congés payés
- 21 juin **1936** : semaine de 40 heures

- **Seconde Guerre mondiale** (1939-1945)
- **France occupée**, Résistance
- **Charles de Gaulle** (1890-1970)

1940

Appel du 18 juin

Aux mains du parti nazi, dirigé par Adolf Hitler, l'Allemagne envahit la Pologne le 1er septembre 1939. Cette agression pousse la France et la Grande-Bretagne à lui déclarer la guerre le 3 septembre. L'Allemagne attaque le 10 mai 1940 et bat la France. Cette dernière est coupée en deux : une zone occupée au nord et une zone libre au sud.

Le 18 juin 1940, le général de Gaulle appelle les Français à lutter contre l'occupant et devient le chef de la Résistance. À l'inverse, le 22 juin 1940, le maréchal Pétain signe l'armistice et s'entend avec les Allemands. Il remplace la IIIe République par l'État français, installe son gouvernement à Vichy (en zone libre) et se lance dans une politique de collaboration.

Mais le 6 juin 1944, les Alliés débarquent en Normandie. Avec l'aide des résistants, ils libèrent la France. Véritable héros national, le général de Gaulle prend la tête du pays, en tant que président du Gouvernement provisoire. L'Allemagne est vaincue : elle capitule le 8 mai 1945.

DUR !

Réactionnaire et autoritaire, le régime de Vichy limite les libertés individuelles. Il prend notamment des mesures contre les juifs.

LA HAINE !

Les 16 et 17 juillet 1942, à Paris, 13 152 juifs sont «raflés» (arrêtés), regroupés au Vel'd'Hiv, puis déportés vers les camps d'extermination nazis.

CHRONO EXPRESS

- **mai 1940** : de Gaulle se bat à Montcornet, Crécy et Abbeville
- **juin 1940** : il quitte Bordeaux pour Londres
- **septembre 1941** : il crée le Comité national français
- **juin 1943** : il fonde, avec Giraud, le Comité français de la libération nationale

RESPECT !

Mandaté par de Gaulle, Jean Moulin est parachuté en France pour organiser la Résistance intérieure : renseignement, sabotages, attentats...

AH BON ?

Durant l'Occupation, la vie quotidienne est difficile. Les Français manquent de nourriture et de vêtements, ils sont rationnés. Beaucoup ont recours au marché noir (commerce clandestin).

Réfugié à Londres, le général de Gaulle lance son célèbre appel au micro de la BBC (la radio britannique) : «Quoi qu'il arrive, la flamme de la résistance française ne doit pas s'éteindre et ne s'éteindra pas.»

uin 1944

il crée le Gouvernement provisoire de la République française

août 1944

il entre triomphalement dans Paris

MOTIVÉS !

Américains, Britanniques et Canadiens... les Alliés débarquent en Normandie le 6 juin 1944, lors d'une gigantesque opération militaire qui mobilise 6 939 navires et 11 590 avions.

- **Gouvernement provisoire** (1944-1946)
- **suffrage universel**, émancipation féminine
- **33 femmes députées** en octobre 1945

DUR !

Bien qu'elles soient éligibles depuis 1944, les femmes accèdent toujours difficilement au pouvoir : en 2011, elles ne représentent que 13,8 % des maires et 18,5 % des députés.

LE DÉTAIL QUI TUE

Malgré la sous-représentation des femmes en politique, la République française a pour symbole une figure féminine : Marianne.

1945

Vote des femmes

Alors que les Finlandaises votent depuis 1906, les Allemandes depuis 1918, les Turques depuis 1934… les Françaises sont exclues de la vie politique. Le Gouvernement provisoire du général de Gaulle met fin à cette injustice en 1944 : il leur accorde le droit de vote et d'éligibilité. Les Françaises se rendent aux urnes, pour la première fois, aux élections municipales du 29 avril 1945.

Cette avancée s'inscrit dans la longue histoire de l'émancipation des femmes en France : en 1924, les filles accèdent au même enseignement secondaire et au même baccalauréat que les garçons ; en 1938, les femmes mariées ne sont plus considérées comme des mineures. Mais il faut attendre 1965 pour que celles-ci puissent gérer leurs biens, ouvrir un compte en banque et exercer une activité professionnelle sans l'autorisation de leurs maris !

CHRONO

LES FEMMES AU GOUVERNEMENT

- **1936** – **Irène Joliot-Curie, sous-secrétaire à la recherche scientifique**
- **1947** – **Germaine Poinso-Chapuis, ministre de la Santé publique et de la Population**
- **1974** – **Simone Veil, ministre de la Santé**
- **1991** – **Édith Cresson, Premier ministre**

- **IVe République** (1946-1958)
- **Instabilité politique**, croissance économique
- **Baby boom**

1946 IVe République

Au Gouvernement provisoire succède la IVe République : sa constitution est adoptée par référendum le 13 octobre 1946. Elle donne les pleins pouvoirs au Parlement (Assemblée nationale, Conseil de la République), qui contrôle le gouvernement (président du Conseil, ministres). Mais les partis ont du mal à s'entendre, et la France souffre d'une forte instabilité politique.

En revanche, elle jouit d'une formidable croissance économique. C'est le début des Trente Glorieuses, trente années de prospérité durant lesquelles le pays se développe : réparation des dommages de guerre, essor industriel, plein emploi, etc. Les Français découvrent la société de consommation; tous veulent un lave-linge, un réfrigérateur, un téléviseur, une voiture... Ils font beaucoup de bébés : ce pic de natalité s'appelle le « baby boom ».

HALLUCINANT !

De 1946 à 1958, une vingtaine de présidents du Conseil se succèdent. Alors que certains restent à peine 1 mois, Guy Mollet se maintient 16 mois, un record !

DUR !

Vincent Auriol et René Coty sont les deux présidents de la IVe République. Cependant, la constitution leur accorde peu de pouvoir.

CHRONO

LES AVANCÉES SOCIALES

- **1945-1946** mise en place de la Sécurité sociale
- **1950** instauration du salaire minimum interprofessionnel garanti (SMIG)
- **1958** création de l'Assurance chômage (Assédic, Unédic)

Diên Biên Phu

1954

- **IVe République**
- **guerre d'Indochine**, décolonisation
- **55 jours de bataille**, du 13 mars au 7 mai

EN VO

L'Indochine regroupe le Vietnam (divisé en trois régions appelées Cochinchine, Annam et Tonkin), le Cambodge et le Laos.

TROP GORE !

Coincées dans la cuvette de Diên Biên Phu, les troupes françaises vivent deux mois d'enfer : tranchées boueuses, bombardements incessants, combats au corps-à-corps...

Après la Seconde Guerre mondiale, l'empire colonial français s'effondre. Les peuples des colonies réclament leur autonomie et, si la France refuse, prennent les armes. En Indochine, la situation bascule le 2 septembre 1945, quand le communiste Hô Chi Minh proclame l'indépendance du Vietnam. Malgré une tentative de négociation, la guerre éclate fin 1946.

Les soldats français se heurtent aux combattants du Viêt-minh, qui se livrent à une guérilla acharnée : attaques surprises, embuscades, sabotages... Le conflit s'enlise et traîne jusqu'à la terrible bataille de Diên Biên Phu : le 7 mai 1954, le Viêt-minh lance un dernier assaut et l'emporte. Affaiblie, la France préfère « arrêter les frais ». Le 21 juillet 1954, elle signe les accords de Genève et renonce à ses possessions indochinoises.

CHRONO

LA DÉCOLONISATION FRANÇAISE

- 2 mars **1956** : indépendance du Maroc
- 20 mars **1956** : indépendance de la Tunisie
- 2 octobre **1958** : indépendance de la Guinée
- **1960** : indépendance des pays d'Afrique noire

- IVe République
- construction européenne
- CECA, CEE

1957
Traité de Rome

Pour sceller leur réconciliation après la Seconde Guerre mondiale et défendre leurs intérêts dans le monde, plusieurs pays européens souhaitent s'unir. En 1950, les Français Jean Monnet et Robert Schuman proposent un accord économique. Ainsi naît la Communauté européenne du charbon et de l'acier (CECA) qui rassemble la France, l'Allemagne, l'Italie, la Belgique, les Pays-Bas et le Luxembourg.

Afin d'élargir leur coopération, le 25 mars 1957, ces pays signent le traité de Rome qui crée la Communauté économique européenne (CEE). Ils instaurent un « marché commun », à l'intérieur duquel les marchandises peuvent circuler librement, sans paiement de droits de douane. Ils mettent en place des politiques communes, notamment dans le domaine de l'agriculture. Le succès étant au rendez-vous, d'autres pays les rejoignent peu à peu.

MALIN !

La France et l'Allemagne décident de s'allier pour résister aux deux superpuissances de l'époque : les États-Unis et l'URSS.

AH BON ?

Le traité de Rome fonde aussi la Communauté européenne de l'énergie atomique (ou Euratom), un organisme chargé du développement de l'énergie nucléaire.

CHRONO – ENTRÉES DANS LA CEE

- **1973** : Danemark, Royaume-Uni, Irlande
- **1981** : Grèce
- **1986** : Espagne, Portugal

- **Ve République** (1958-en cours)
- **renforcement du rôle du président** de la République
- **Charles de Gaulle** (1890-1970)

Ve République 1958

Déchirée à propos de l'Algérie, qui réclame son indépendance, la IVe République se meurt… Pour résoudre cette crise, de nombreuses personnalités appellent à la rescousse le général de Gaulle, toujours très populaire. Celui-ci revient au pouvoir le 1er juin 1958 et lance une grande réforme de l'État. Le 28 septembre, les Français le suivent et approuvent la Constitution de la Ve République.

Cette constitution renforce le pouvoir du président de la République, qui contrôle les armées, dirige la diplomatie, oriente l'action du gouvernement… Il peut aussi dissoudre l'Assemblée nationale. Charles de Gaulle devient le premier président de la Ve République le 21 décembre 1958. Sur le plan international, il mène une politique énergique visant à affirmer la grandeur et l'indépendance de la France.

EN VO

En 1958, le mandat présidentiel dure 7 ans : c'est un septennat. En 2000, il passe à 5 ans et devient… un quinquennat.

LE DÉTAIL QUI TUE

Le palais de l'Élysée, à Paris, est la résidence officielle des présidents de la République. Jadis, il appartenait à la marquise de Pompadour, la favorite du roi Louis XV.

CHRONO

PREMIERS PRÉSIDENTS DE LA Ve RÉPUBLIQUE

- 1958 et 1965 : Charles de Gaulle
- 1969 : Georges Pompidou
- 1974 : Valéry Giscard d'Estaing

- Ve République
- décolonisation
- 700 000 Français d'Algérie rapatriés en 1962

1962

Fin de la guerre d'Algérie

Conquise à partir de 1830, l'Algérie est une colonie française très importante où vivent des Algériens et des colons français, appelés « pieds-noirs ». Sa décolonisation s'annonce difficile. Elle débute le 1er novembre 1954, par une vague d'attentats attribuée au Front de libération nationale (FLN). Le gouvernement français charge l'armée de rétablir l'ordre... sans succès. Les deux camps redoublent de violence.

À partir de 1958, le général de Gaulle met quatre ans pour sortir du conflit. Il se heurte notamment à l'Organisation armée secrète (OAS), qui veut absolument garder l'Algérie française. Finalement, il signe les accords d'Évian et reconnaît l'indépendance algérienne le 18 mars 1962. Cette résolution provoque l'exode de nombreux pieds-noirs, qui quittent l'Algérie pour s'installer en France.

TROP GORE !

Attentats à la bombe et assassinats du FLN, tortures et exécutions de l'armée française... la guerre plonge l'Algérie dans un climat de terreur effarant.

AH BON ?

En 1962, arrivent en France les harkis, des Algériens engagés aux côtés de l'armée française, qui fuient les représailles du FLN.

CHRONO EXPRESS

4 juin 1958 : visite de de Gaulle à Alger, où il lance à la population : « Je vous ai compris ! »

22 avril 1961 : coup d'État manqué, appelé le « putsch des généraux »

8 septembre 1961 : attentat raté contre de Gaulle

- **Ve République**
- **revendications étudiantes,** malaise social, tension politique
- **grandes grèves**

1968

Révolte de mai

La contestation démarre à la faculté de Nanterre, le 22 mars 1968. Elle est menée par quelques étudiants, dont Daniel Cohn-Bendit, qui dénoncent la guerre des Américains au Vietnam. Le 3 mai, elle touche l'université de la Sorbonne et prend de l'ampleur. De nombreux étudiants descendent dans la rue, manifestent, dressent des barricades et affrontent les forces de l'ordre.

Ils rejettent les valeurs de leurs parents, la société de consommation, l'autorité du général de Gaulle… Ils parlent de paix, de liberté et d'amour. La crise étudiante vire ensuite à la crise sociale. Le 13 mai, les ouvriers rejoignent le mouvement. Ils se mettent en grève et occupent leurs usines. La France est paralysée, le pouvoir doit réagir.

Le 27 mai, le Premier ministre Pompidou signe les accords de Grenelle, favorables aux salariés. Le 30 mai, le président de Gaulle reprend la main. Il dissout l'Assemblée nationale et demande aux Français un vote de confiance, qu'il obtient. Les grèves cessent et l'ordre revient.

LA STAR

Allemand, né en France le 4 avril 1945, Daniel Cohn-Bendit s'impose comme l'un des principaux leaders du mouvement étudiant. Militant de gauche, il est surnommé «Dany le Rouge».

MOTIVÉS !

Parmi les contestataires se distinguent des intellectuels : le philosophe Jean-Paul Sartre, le cinéaste Jean-Luc Godard, le chanteur Jean Ferrat…

CHRONO EXPRESS

- **13 mai** : grève générale et grandes manifestations
- **21 mai** : 8 à 10 millions de grévistes
- **30 mai** : discours du président de Gaulle
- **1er juin** : réapprovisionnement en essence

À Paris, le Quartier latin se transforme en champ de bataille : voitures brûlées, arbres coupés, vitrines brisées... Les étudiants jettent des pavés sur les forces de l'ordre, qui répliquent par des bombes lacrymogènes.

BIEN DIT !

«Il est interdit d'interdire», «Sous les pavés, la plage», «Prenez vos désirs pour des réalités» : tels sont les slogans de Mai 68.

SYMPA !

Les jeunes prônent l'amour libre. Les femmes accèdent à une plus grande liberté sexuelle, d'autant que la pilule contraceptive est en vente depuis 1967.

6 juin
reprise du travail dans la fonction publique

18 juin
reprise dans les usines Renault

QUEL TALENT !

Le 30 mai 1968, le président de Gaulle parle à la radio. Aussitôt, une foule immense se rassemble sur les Champs-Élysées pour soutenir son message de fermeté.

1981 Abolition de la peine de mort

- **Ve République**
- **justice**, évolution de la peine maximale
- **François Mitterrand** (1916-1996)

Homme politique socialiste, François Mitterrand remporte les élections du 10 mai 1981 et devient le quatrième président de la Ve République. Il est réélu le 8 mai 1988. L'une de ses grandes réformes concerne l'abolition de la peine de mort. En effet, à cette époque, les exécutions capitales sont légales en France : les condamnés ont la tête tranchée à l'aide d'une guillotine, un énorme couperet. La dernière exécution remonte à 1977.

Mais le président Mitterrand désapprouve un tel châtiment. Le 25 mai 1981, il gracie le dernier condamné à mort. Puis il charge son ministre de la Justice, Robert Badinter, de faire voter une loi. Celle-ci est adoptée par le Parlement le 9 octobre 1981. La peine maximale est désormais la réclusion criminelle à perpétuité, c'est-à-dire la prison à vie.

LE DÉTAIL QUI TUE

Le mot « guillotine » vient du docteur Guillotin, qui généralisa son utilisation pendant la Révolution française... pour éviter de pires supplices (décapitation à la hache, écartèlement, bûcher).

LA STAR

Né en 1928, Robert Badinter est un avocat brillant. Il milite contre la peine de mort depuis 1972.

CHRONO

PRÉSIDENTS DE LA Ve RÉPUBLIQUE (SUITE)

- **1981 et 1988** — François Mitterrand
- **1995 et 2002** — Jacques Chirac
- **2007** — Nicolas Sarkozy
- **2012** — François Hollande

- **Ve République**
- Union européenne (UE), **monnaie unique**
- **€** = symbole de l'euro

2002

Passage à l'euro

Le 7 février 1992, le traité de Maastricht donne naissance à l'Union européenne, qui succède à la CEE. Ce texte accorde de nouveaux droits aux citoyens de l'Union européenne : circuler librement d'un pays membre à l'autre, étudier dans le pays membre de son choix, travailler dans n'importe quel pays membre, voter aux élections locales et européennes.

Il prévoit également l'instauration d'une monnaie commune, pour faciliter les échanges commerciaux. Le 1er janvier 2002, la France adopte donc l'euro à la place du franc : 1 euro valant 6,56 francs. Elle entre dans la « zone euro » aux côtés de l'Allemagne, de l'Espagne, de l'Italie et d'autres pays membres, mais pas tous. En effet, certains pays membres, comme le Royaume-Uni, ne passent pas à l'euro. Actuellement, la zone euro regroupe 18 pays membres. L'Union européenne, elle, rassemble 28 pays membres. Elle compte environ 506 millions d'habitants, dont près de 66 millions de Français.

RESPECT !

Le Parlement européen, composé de députés élus au suffrage universel direct, représente les citoyens. Il siège à Strasbourg, en France.

LA CLASSE !

Chaque billet a pour décor un style architectural : classique, roman, gothique, Renaissance, baroque et rococo, Art nouveau, moderne.

CHRONO

ENTRÉE DANS L'UNION EUROPÉENNE

- **1995** : Autriche, Finlande, Suède
- **2004** : Chypre, Estonie, Hongrie, Lettonie, Lituanie, Malte, Pologne, République tchèque, Slovaquie, Slovénie
- **2007** : Bulgarie, Roumanie
- **2013** : Croatie

Les grandes dates de l'architecture

Le chef-d'œuvre roman

L'église Sainte-Foy de Conques, dans l'Aveyron, est construite à partir de 1040-1050 dans le plus pur style roman : formes sobres et relativement massives, voûtes de pierre, ouvertures arrondies... Elle est célèbre pour son splendide portail sculpté...

La cité fortifiée

Citadelle unique au monde, Carcassonne s'est développée à partir de la puissante dynastie des Trencavel, vers 1100. Ses remparts se composent d'une double enceinte, hérissée de 52 tours. Ils protègent le château fort, la cathédrale et le village.

La merveille gothique

Détruite par un incendie en 1194, la cathédrale de Chartres est rebâtie dans le style gothique : architecture élancée, ouvertures en ogive (avec une pointe), formes hautes, fines et richement ciselées... Elle est réputée pour ses 176 magnifiques vitraux.

Le joyau de la Renaissance

Avec ses 440 pièces, Chambord s'impose comme le plus vaste des châteaux de la Loire. Surtout, il éblouit par la complexité de son escalier double et l'originalité de ses toits hérissés de tourelles. Édifié à partir de 1519, il doit sa conception à François Ier, probablement influencé par Léonard de Vinci.

Le modèle classique

Le domaine de Vaux-le-Vicomte est la création fastueuse de trois hommes réunis par Nicolas Fouquet : l'architecte Le Vau, le peintre-décorateur Le Brun et le jardinier-paysagiste Le Nôtre. Inauguré en 1661, il est si remarquable que le roi Louis XIV décide de s'en inspirer pour créer le château de Versailles.

Le symbole de Paris

Prouesse de l'architecture métallique, la tour Eiffel est le clou de l'Exposition universelle qui se tient à Paris en 1889. Imaginée par l'ingénieur Gustave Eiffel, elle culmine à 300 m et compte 3 étages. Sa charpente pèse 7300 tonnes de fer.

Le temple de l'art moderne

Voulu par le président de la République Georges Pompidou et inauguré en 1977, le Centre Pompidou est dédié à la création contemporaine. Imaginé par les architectes Richard Rogers et Renzo Piano, le bâtiment crée la surprise avec son ossature d'acier apparente, ses escaliers roulants extérieurs, ses tuyaux colorés visibles...

L'esthétique actuelle

L'Arche de la Défense se trouve dans le quartier d'affaires de la Défense, à l'ouest de Paris. Elle abrite des bureaux. Inaugurée en 1989, elle s'élève dans l'axe de l'Arc de Triomphe, dont elle imite la forme, en beaucoup plus moderne !

Les grandes dates de la littérature

L'esprit de la Renaissance

François Rabelais publie *Pantagruel* en 1532, puis *Gargantua* en 1534, les histoires de deux géants dotés d'une force et d'un appétit formidables. Son œuvre mêle la fantaisie, le merveilleux, le comique et le réalisme car il décrit les mœurs de son temps.

Le maître de la tragédie

Jean Racine est le plus fameux représentant de la tragédie classique française. Il écrit plusieurs pièces de théâtre inspirées de la mythologie gréco-romaine : *Andromaque* en 1667, *Iphigénie* en 1674, *Phèdre* en 1677… Sa gloire est telle qu'il est élu à l'Académie française et qu'il devient l'historien du Roi-Soleil.

L'as de la comédie

Né Jean-Baptiste Poquelin, Molière est l'un des plus grands écrivains français. Auteur de comédies, comédien et chef de troupe, il crée une trentaine de pièces : *Tartuffe* en 1664, *Dom Juan* en 1665, *L'Avare* en 1668, *Le Bourgeois gentilhomme* en 1670, *Les Femmes savantes* en 1672, *Le Malade imaginaire* en 1673…

Le fabuliste

À partir de 1668, le poète Jean de La Fontaine publie ses *Fables* : *Le Corbeau et le Renard*, *La Cigale et la Fourmi*, *Le Lièvre et la Tortue*, *Le Loup et l'Agneau*…
À travers ces animaux, il évoque les qualités et les défauts des hommes et délivre une morale.

La voix des Lumières

François-Marie Arouet, dit Voltaire, est un brillant homme de lettres et un philosophe. Il publie beaucoup, notamment des contes philosophiques, comme *Zadig* en 1748 et *Candide* en 1759, qui témoignent de son souci de vérité, de justice et de tolérance.

Le génie romantique

Poète, romancier, dramaturge, critique, intellectuel engagé, Victor Hugo est un auteur d'une stature incomparable. Il a notamment écrit *Hernani* en 1830, *Notre-Dame de Paris* en 1831, *La Légende des siècles* à partir de 1859 et *Les Misérables* en 1862. Il est considéré comme le chef de file du romantisme français.

L'illustre romancier

Entre 1871 et 1893, Émile Zola publie le cycle des « Rougon-Macquart » : *L'Assommoir*, *Nana*, *Germinal*, *La Bête humaine*… soit vingt livres qui racontent l'histoire d'une famille sous le Second Empire. Romancier « naturaliste », il souligne la force de la nature et des instincts.

Le combattant

Résistant, journaliste militant, philosophe, écrivain, Albert Camus est une personnalité incontournable de l'après-guerre. À la Libération, il dirige le journal *Combat*. Il publie *L'Étranger* en 1942 et *La Peste* en 1947. Il reçoit le prix Nobel de littérature en 1957.

Les grandes dates des sciences et des techniques

La machine à vapeur

En 1679, le physicien Denis Papin fabrique le « Digester », l'ancêtre de l'autocuiseur. Il travaille sur la possibilité de transformer la vapeur d'eau sous pression en énergie. Il est à l'origine de la machine à vapeur, qui jouera un rôle essentiel pendant la révolution industrielle.

La montgolfière

Joseph et Étienne de Montgolfier construisent le premier ballon à air chaud en 1783. En septembre, devant Louis XVI et Marie-Antoinette, ils envoient dans le ciel un coq, un mouton et un canard. En novembre, Pilâtre de Rozier et le marquis d'Arlandes sont les premiers hommes à voyager dans les airs, au-dessus de Paris.

Les conserves

En 1795, Nicolas Appert met au point une méthode de conservation des aliments en les stérilisant par la chaleur dans des contenants hermétiques : des bouteilles en verre. En 1802, à Massy, il ouvre la première fabrique de conserves au monde. Il ne dépose pas de brevet car il préfère offrir sa découverte à l'humanité plutôt que de s'enrichir.

La photographie

Le physicien Nicéphore Niepce est considéré comme l'inventeur de la photographie. En 1827, depuis la fenêtre de sa maison de Saint-Loup-de-Varennes, il prend *Le Point de vue du Gras*, la première photographie connue, réalisée grâce à une chambre noire et à une plaque d'étain recouverte de bitume de Judée.

Le vaccin contre la rage

Biologiste et chimiste, Louis Pasteur étudie la vaccination. En 1885, il sauve un jeune Alsacien, Joseph Meister, mordu par un chien enragé. Il démontre l'efficacité du vaccin contre la rage. Ses recherches entraînent la fondation de l'Institut Pasteur, à Paris.

Le cinéma

Louis et Auguste Lumière sont les pionniers du cinématographe. En 1895, ils tournent et projettent en public leur premier film : *La Sortie de l'usine Lumière à Lyon*. Ils réalisent aussi d'autres courts métrages comme *L'Arroseur arrosé* et *L'Arrivée du train en gare de La Ciotat*.

La radioactivité

En 1896, Henri Becquerel découvre la radioactivité de l'uranium : ce métal émet naturellement des rayons. Il est rejoint par Marie et Pierre Curie, qui démontrent la radioactivité du polonium et du radium. En 1903, ils reçoivent tous les trois le prix Nobel de physique.

La carte à puce

En 1974, Roland Moreno met au point une carte en plastique dotée d'une « puce », un petit circuit intégré qui peut stocker toutes sortes d'informations. Son invention se décline aujourd'hui sous de multiples formes : carte bancaire, carte téléphonique, carte d'assurance maladie, carte pour téléphones mobiles !

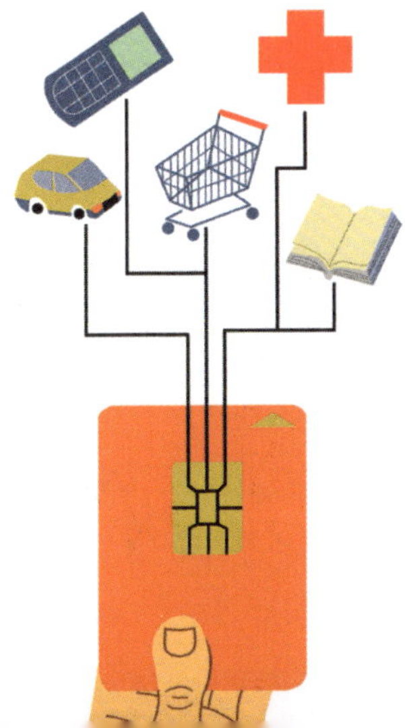

L'histoire en dix records

Le règne le plus long

Louis XIV, le Roi-Soleil, a régné 72 ans. Il est monté sur le trône en 1643, à l'âge de 5 ans, et il est mort en 1715, à 77 ans. Cette longévité lui a permis de marquer profondément son temps.

Le roi le plus maladroit

Le 7 avril 1498, Charles VIII se trouve au château d'Amboise. En se rendant au jeu de paume, il se cogne violemment le front contre le linteau d'une porte et meurt, à l'âge de 27 ans.

La dynastie la plus durable

Les Capétiens ont dirigé la France pendant quelque 800 ans d'affilée, de 987 à 1792. Mais il y a eu plusieurs branches : les Capétiens directs, puis les Valois et les Bourbons.

Le plus beau parti

Héritière d'un immense territoire, Aliénor d'Aquitaine est très convoitée. En 1137, elle épouse le roi de France Louis VII, puis, en 1152, elle épouse le roi d'Angleterre Henri II.

Le règne le plus court

Le 2 août 1830, pendant les Trois Glorieuses, Louis XIX a été roi durant environ 20 minutes, entre l'abdication de son père, Charles X, et sa propre renonciation.

Le jour le plus sanglant

Au tout début de la Première Guerre mondiale, le 22 août 1914 est le jour le plus meurtrier de l'histoire de France. Environ 27000 soldats français sont tués dans les Ardennes.

La présidence la plus longue

Élu en 1981 et réélu en 1988, le socialiste François Mitterrand est resté 14 ans au pouvoir. C'est le président de la République ayant exercé le plus long mandat.

La Française la plus âgée

Jeanne Calment est née en 1875, à Arles. Elle est morte dans la même ville en 1997, à l'âge de 122 ans. Cette femme est l'être humain connu ayant vécu le plus longtemps au monde.

La présidence la plus courte

Élu le 27 juin 1894, sous la IIIe République, Jean Casimir-Perier est resté président durant seulement 203 jours. Peu à l'aise dans ses fonctions, il a démissionné le 16 janvier 1895.

Le musée le plus visité

Ancien palais royal, situé au cœur de Paris, le Louvre est le musée le plus visité au monde. En 2012, il a accueilli 9720000 visiteurs venus du monde entier.

Rois et reines

Il n'est pas possible d'écrire un livre sur la monarchie sans évoquer les différentes dynasties, les sacres, Versailles, les châteaux de la Loire et, bien sûr, les plus grandes reines et impératrices ! **Bon voyage à travers l'histoire de France !**

Le sacre des rois

Cette cérémonie, instituée pour la première fois en 752 par Pépin le Bref, fait du roi le représentant de Dieu sur terre. Signe de l'alliance de la monarchie et de l'Église mais aussi du caractère divin du souverain, le sacre est une étape majeure du règne.

Les serments

Au début de la cérémonie, le roi prête serment devant les Grands du royaume. À genoux, il jure de préserver la paix et la justice et de protéger les chrétiens. Puis il est béni par l'évêque avec de l'huile sacrée et frotté sur sept parties de son corps avec ce précieux liquide, le saint-chrême.

Des objets symboliques

L'évêque, ou le pape, dépose sur la tête du roi une couronne en or, décorée de bijoux et de quatre fleurs de lys. Le souverain reçoit aussi un sceptre, symbole du commandement, et une main de justice en ivoire, signe de son pouvoir judiciaire. Enfin, le don des éperons et de l'épée lui rappelle qu'il doit protéger son peuple et l'Église de France.

Guérisseur

À partir du règne de saint Louis, le roi sacré est censé détenir des pouvoirs divins qui lui permettent de guérir les écrouelles, une maladie d'origine tuberculeuse. Le souverain fait une croix sur le front de chaque malade, en disant : « Le roi te touche, Dieu te guérit ! »

Reims, la ville du sacre

Le premier monarque français sacré dans la cathédrale de Reims est Louis le Pieux en octobre 816. Au début du XIe siècle, la cathédrale de Reims s'impose même pour plus de 700 ans comme le lieu unique du sacre. À l'exception de Louis VI (Orléans) et d'Henri IV (Chartres), les souverains français seront toujours sacrés à Reims.

Les dynasties

De Clovis, le « premier roi », à Napoléon III, plusieurs familles se succèdent sur le trône de France. Certaines ont donné des dizaines de rois comme celle des Mérovingiens, d'autres deux seulement comme la famille Bonaparte.

Les Mérovingiens

La première dynastie qui parvient à unifier le royaume est fondée par le roi franc Clovis, petit-fils du légendaire Mérovée. Elle règne de 481 à 751 sur la Gaule et disparaît avec Childéric III, remplacé par Pépin le Bref.

Les Carolingiens

Fondée en 751 par Pépin le Bref qui écarte le faible souverain mérovingien, cette famille franque règne jusqu'en 911 en Germanie et jusqu'en 987 en France. Le plus illustre de ses représentants est Charlemagne qui dirige la moitié de l'Europe.

La France vers 500

Vers 800

Vers l'an mille

À la fin du XVIIIe siècle

Les Capétiens directs

À partir de l'avènement du duc Hugues Capet, en 987, cette famille prestigieuse donne successivement treize rois qui se succèdent de père en fils sur le trône de France. Ces héritiers directs gouvernent le royaume jusqu'à la mort de Charles IV le Bel (1328) qui disparaît sans héritier.

Les Capétiens indirects

La couronne de France passe alors à des cousins, descendants eux aussi des rois capétiens du Moyen Âge. Il s'agit des rois de la branche des Valois de 1328 (Philippe VI) à 1589 (Henri III), puis de la branche des Bourbons de 1589 (Henri IV) à 1830 (Charles X) et enfin de la dynastie des Orléans de 1830 à 1848 (Louis-Philippe). Mais le dernier souverain, Napoléon III, est d'une autre famille, celle des Bonapartes !

Les résidences royales

Palais de la Cité ou des Tuileries, châteaux du Louvre, de Vincennes, de Blois, de Saint-Germain ou de Versailles, les souverains français font bâtir des châteaux forts imprenables ou d'élégantes demeures pour afficher leur puissance.

Le Louvre

Construit par Philippe Auguste pour protéger Paris des Anglais, cette forteresse se transforme au fil des ans en confortable résidence. En 1793, le palais de la monarchie devient un musée pour le peuple !

Vincennes

Pavillon de chasse transformé en forteresse au XIVe siècle, Vincennes est le plus grand château fort royal. Quand les souverains se sentent en danger, ils filent se protéger derrière ses immenses remparts.

Blois

Résidence de sept rois et de dix reines depuis le règne de Louis XII, le château de Blois est la demeure favorite des souverains français au XVIe siècle. C'est le temps de la Renaissance et des guerres de religion.

Les Tuileries

Au milieu du XVIe siècle, Marie de Médicis fait construire un beau château juste à côté du Louvre sur l'emplacement d'une ancienne fabrique de tuiles : on l'appellera le « palais des Tuileries ». Il sera détruit par un incendie en 1871.

Saint-Germain

Entouré de forêts où pullule le gibier, le château de Saint-Germain est apprécié par les rois de France qui adorent chasser. Entre 1666 et 1681, il devient même la résidence principale de Louis XIV. Mais il l'abandonne pour son chef-d'œuvre de Versailles !

Versailles

Construit par Louis XIII mais complètement transformé par Louis XIV et ses successeurs, le château de Versailles est gigantesque : il compte aujourd'hui 2 300 pièces et 67 escaliers. Tous les seigneurs de France rêvent d'y habiter pour être près du roi.

vers 466-511

Clovis

Le roi des Francs

- **règne** de 481 à 511
- **dynastie** des Mérovingiens
- **succède à** Childéric Ier, son père
- **précède** ses quatre fils
- **épouse** Clotilde

Fils de Childéric Ier, Clovis est choisi comme chef par les Francs saliens du nord-ouest de la France alors qu'il n'a qu'une quinzaine d'années. Très ambitieux, le jeune Mérovingien n'est à la tête que d'un minuscule royaume dont la capitale est Tournai.

Clovis écrase les Romains en 486, puis s'empare de la plupart des territoires barbares de Gaule. En se faisant baptiser à Reims, il devient le premier roi chrétien de l'histoire de France. Cette alliance entre les rois et la puissante force catholique va durer plus de treize siècles.

En 507, Clovis et son fils Thierry affrontent les Wisigoths d'Alaric II à Vouillé, près de Poitiers, et les repoussent vers l'Espagne. Après avoir conquis une grande partie du sud-ouest du pays, Clovis quitte Tournai, devenue trop excentrée et installe sa nouvelle capitale à Paris. Selon la coutume mérovingienne, le royaume est partagé, après sa mort, entre ses quatre fils : Thierry, Clodomir, Childebert et Clotaire.

LE DÉTAIL QUI TUE

La vie de Clovis est connue grâce à *L'Histoire des Francs* de Grégoire de Tours… écrite presque 100 ans après sa mort !

AH BON ?

On n'a jamais retrouvé la tombe de Clovis.

BIO EXPRESS

- **481** Clovis, chef des Francs
- **486** victoire contre les Romains à Soissons
- **493** mariage avec Clotilde
- **496** victoire de Tolbiac contre les Alamans

Clovis est baptisé par l'évêque Remi dans la cathédrale de Reims. Après lui, 3 000 guerriers se convertissent au christianisme le même jour.

LE POTIN

En 493, Clovis épouse la catholique Clotilde. Elle jouera un rôle important dans son baptême.

LA CLASSE !

Seuls les princes mérovingiens ont le droit de porter les cheveux longs.

vers 500 — baptême de Clovis

vers 507 — bataille de Vouillé contre les Wisigoths

LA HAINE !

Après la bataille de Soissons, un guerrier franc refuse un vase à Clovis et le brise de sa hache. Quelques mois plus tard, Clovis lui fracasse le crâne en lui disant : « Ainsi as-tu fait du vase de Soissons ! »

vers 600-639

Dagobert

Un roi vraiment bon

- **règne** de 629 à 639
- **dynastie** des Mérovingiens
- **succède à** Clotaire II, son père
- **précède** Clovis II, son fils
- **épouse** Gomatrude, puis Nanthilde, Ragnetrude, Wulfégonde et Berchilde

Célèbre grâce à la chanson *Le Bon Roi Dagobert*, écrite au XVIIIe siècle pour se moquer des défauts de plusieurs rois dont Louis XVI, Dagobert n'a pourtant rien d'un souverain stupide et tête en l'air. Il est même le dernier grand roi de la dynastie mérovingienne. Bien conseillé par les évêques Éloi, Didier et Ouen, autoritaire mais juste, il met de l'ordre dans le royaume et soumet les Gascons et les Bretons.

Dans ses résidences de Paris et des environs (aujourd'hui Clichy ou Épinay-sur-Seine), il s'entoure de jeunes aristocrates qu'il forme à la cour avant de les envoyer administrer les régions en les nommant évêques. À partir de 630, il commence la construction de la basilique de Saint-Denis qui va devenir la nécropole (cimetière) des rois de France.

LA CLASSE !

Quand il se déplace dans son royaume, Dagobert voyage toujours avec le trésor royal pour montrer sa puissance.

AH BON ?

Les successeurs de Dagobert perdent leur autorité et seront surnommés les rois fainéants par les Carolingiens !

BIO EXPRESS

- **623** est placé sur le trône d'Austrasie par son père Clotaire II
- **629** gouverne le royaume des Francs avec son demi-frère Caribert
- **632** Dagobert est le seul maître du royaume
- **639** premier roi à être enterré dans la basilique de Saint-Denis

- **dynastie** des Pippinides
- **père** de Pépin le Bref
- **grand-père** de Charlemagne
- **épouse** Rotrude, puis Chrotais et Swanahilde

688-741

Charles Martel

Le guerrier fondateur

En 732, Charles Martel, maire du palais d'Austrasie et de Neustrie, duc des Francs, vient au secours du duc d'Aquitaine qui affronte les Sarrasins d'Abd el-Rahmann. Après la bataille victorieuse du guerrier franc, le prestige de Charles Martel est immense. Avec son armée très bien organisée, formée de fantassins et de cavaliers, il parvient à soumettre l'Aquitaine, la Bourgogne et la Provence.

À la mort du roi mérovingien Thierry IV, il dirige le royaume avec ses deux fils Carloman et Pépin. Même s'il n'a jamais eu le titre de roi, Charles Martel est enterré à Saint-Denis en face du grand Dagobert. Après un bref retour des Mérovingiens sur le trône, son fils Pépin le Bref puis son petit-fils Charlemagne vont imposer la dynastie carolingienne sur une grande partie de l'Europe.

SYMPA !

Les Provençaux prennent le parti des musulmans contre Charles Martel : ils estiment les Arabes plus civilisés que les Francs !

LE DÉTAIL QUI TUE

Alors qu'il n'a jamais été roi, Charles Martel est représenté sur son tombeau avec une couronne et un sceptre..

BIO EXPRESS

- **720** devient duc des Francs et maire du palais (Premier ministre)
- **732** victoire de Poitiers
- **737** mort du roi mérovingien Thierry IV
- **739** s'empare de la Provence

Pépin le Bref

715-768

Le premier Carolingien

- **règne** de 751 à 768
- **dynastie** des Carolingiens
- **succède à** Childéric III, le dernier des Mérovingiens
- **précède** Charlemagne, son fils
- **épouse** Bertrade de Laon

Maire du palais (Premier ministre) du roi Childéric III, Pépin le Bref, le fils de Charles Martel, décide de s'emparer du pouvoir en 751. Après avoir obtenu le soutien du pape, il se fait proclamer roi des Francs par les principaux seigneurs de la France du Nord réunis en assemblée à Soissons. Il ne lui reste plus qu'à enfermer Childéric dans un monastère et à le tondre pour montrer qu'il a perdu toute puissance !

Trois ans plus tard, pour renforcer plus encore son autorité, Pépin le Bref est sacré à Saint-Denis par le pape Étienne II. Pour remercier ce dernier, le roi carolingien le protège contre les Lombards en Italie avant de diriger ses armées contre les Sarrasins au sud-ouest de la France et de reprendre l'Aquitaine. Il est désormais le seul maître de l'ancienne Gaule romaine.

Grand réformateur, le père de Charlemagne institue au profit des évêques l'impôt de la dime, une taxe prélevée sur les revenus agricoles, qui existera jusqu'à la Révolution française.

LE POTIN

Surnommée « Berthe au grand pied », Bertrade de Laon, la femme de Pépin, est une descendante mérovingienne.

MARRANT !

Pépin écarte le dernier roi mérovingien, Childéric III, surnommé « l'idiot ».

BIO EXPRESS

- **744** mariage avec Bertrade de Laon
- **751** élu roi des Francs
- **754** sacre de Pépin et de ses deux fils

Pépin demande à être sacré avec ses fils Charles et Carloman dans la basilique de Saint-Denis. La dynastie des Carolingiens est renforcée et protégée par ce triple sacre.

LE **DÉTAIL** QUI TUE

Le surnom « le Bref » rappelle que Pépin était de toute petite taille.

AH **BON** ?

Pépin aurait dû partager le trône avec son frère Carloman, mais celui-ci a préféré devenir moine !

754-758 victoires contre les Lombards

759 les Arabes sont chassés temporairement du royaume

MOTIVÉ !

La descendance de Pépin le Bref est assurée : il a huit enfants avec Bertrade !

742-814

Charlemagne

L'empereur d'Occident

- **règne** de 768 à 814
- **dynastie** des Carolingiens
- **succède à** Pépin le Bref, son père
- **précède** Louis Ier le Pieux, son fils
- **épouse** Himiltrude, puis Désirée de Lombardie, Hildegarde de Vintzgau, Fastrade de Franconie, et Luitgarde d'Alémanie

Fils aîné de Pépin le Bref, Charlemagne partage trois ans le pouvoir avec son frère Carloman jusqu'à la mort de ce dernier en 771. Grand guerrier, il se bat contre les Saxons en Allemagne, les Lombards en Italie et les Arabes en Espagne. C'est lors de cette campagne que meurt son neveu Roland, à Roncevaux, épisode qui sera raconté dans la célèbre *Chanson de Roland*.

Charlemagne fonde un empire qui s'étend de l'Atlantique à la Baltique et des Pyrénées au Danube. Il installe sa capitale à Aix-la-Chapelle. Il nomme des comtes et des évêques qui administrent 300 régions et les comtés. Il les fait surveiller par des inspecteurs, les missi dominici.

Il organise aussi son royaume avec des lois écrites, crée des écoles et impose une monnaie unique. Chrétien, Charlemagne est couronné par le pape Léon III « empereur des Romains » le jour de Noël 800, à Rome. Son empire est partagé en trois royaumes par le traité de Verdun (843) : à l'ouest, celui de Charles le Chauve deviendra le royaume de France.

LE POTIN

Très attaché à ses filles, Charlemagne refuse qu'elles se marient !

SYMPA !

Soucieux d'apprendre en permanence, Charlemagne demande qu'on lui lise des textes quand il est dans son bain.

BIO EXPRESS

768 est couronné avec son frère Carloman

771 début de son règne sans partage

774 s'empare d'une grande partie de l'Italie

778 les Basques attaquent ses troupes dans les Pyrénées

Pendant 30 ans, Charlemagne se bat contre de nombreux peuples européens pour forger son empire. Avec son épée, surnommée « Joyeuse », il fait des ravages sur les champs de bataille.

AH **BON ?**

Longtemps surnommé « l'empereur à la barbe fleurie », Charlemagne n'a pourtant jamais porté de barbe.

LE **DÉTAIL** QUI TUE

Fondateur de nombreuses écoles dans son empire, Charlemagne n'a jamais su écrire correctement.

785 — soumet les Saxons

796 — installe sa capitale à Aix-la-Chapelle

800 — est sacré empereur à Rome

LA **CLASSE !**

Contrairement à son père Pépin le Bref qui est tout petit, Charlemagne est un géant d'1,90 m !

778-840

Louis Ier

Un bon administrateur

- **règne** de 814 à 840
- **dynastie** des Carolingiens
- **succède à** Charlemagne, son père
- **précède** Charles II, son fils
- **épouse** Ermengarde, puis Judit de Bavière

Roi d'Aquitaine depuis 781, le fils de Charlemagne reprend la couronne impériale de son père en 814. Mais il ne lui ressemble guère. Il manque d'autorité et préfère la chasse à la politique. Cultivé, bon connaisseur du grec et du latin, il renforce l'administration de l'empire. En 817, Louis le Pieux impose l'Ordinatio imperii. Cette loi importante, qui indique que seul l'aîné a le droit de succéder sur le trône à son père, déclenche la révolte de ses plus jeunes fils.

Ces luttes incessantes affaiblissent la royauté carolingienne menacée de toutes parts. Sous le long règne de 36 ans de Louis Ier, les Vikings font leurs premiers raids dans le royaume et les Bretons se révoltent à plusieurs reprises contre son autorité. Les grands seigneurs et les évêques en profitent aussi pour renforcer leurs pouvoirs locaux : c'est le début de la féodalité.

AH BON ?

Louis Ier a toujours affirmé qu'il aurait préféré être moine que roi. Très croyant, il gagne le surnom de Louis le Pieux.

LA CLASSE !

Louis Ier est si costaud que personne ne peut lutter contre lui au lancer du javelot.

BIO EXPRESS

- **814** succède à son père et devient empereur d'Occident
- **816** premier roi de France sacré à Reims
- **817** désigne son fils aîné comme successeur avant de se fâcher avec lui
- **836** première vague d'invasions vikings

823-877

Charles II

Un empereur contesté

- **règne** de 843 à 877
- **dynastie** des Carolingiens
- **succède à** Louis Ier, son père
- **précède** Louis II, son fils
- **épouse** Ermentrude d'Orléans, puis Richilde

Après la mort de leur père Louis Ier, Charles, Lothaire et Louis se partagent l'empire par le traité de Verdun (843). Charles II n'a que 20 ans mais son ambition est grande : il reçoit la Francie occidentale, qui deviendra la France, et qu'il va gouverner pendant 34 ans. Sous son règne, la royauté carolingienne s'affaiblit encore un peu mais sa cour est le centre intellectuel de l'Europe.

Le royaume souffre des pillages incessants des Vikings et des guerres menées par le roi de France contre son frère Louis le Germanique. Couronné empereur d'Occident le jour de Noël 875, 75 ans après son grand-père Charlemagne, Charles est un souverain sans réel pouvoir. En 877, il doit accepter que le titre de « comte » se transmette de génération en génération : certaines familles, devenues très puissantes, vont alors menacer les Carolingiens.

AH BON ?

Charles s'est rasé le crâne en signe de soumission à l'Église. D'où son surnom de Charles le Chauve.

LE DÉTAIL QUI TUE

En 875, Charles le Chauve veut restaurer son autorité dans le sud-ouest. Il nomme son fils roi d'Aquitaine alors qu'il n'a que 8 ans !

BIO EXPRESS

- **843** début du règne
- **848** sacre à la cathédrale d'Orléans
- **860** repousse les Vikings qui menacent Paris
- **875** est couronné empereur d'Occident
- **877** meurt au retour d'une guerre en Italie

- **règne** de 987 à 996
- **dynastie** des Capétiens
- **succède à** Louis V, dernier roi carolingien
- **précède** Robert II le Pieux, son fils
- **épouse** Adélaïde de Poitiers

941-996

Hugues Capet

Le premier des Capétiens

Au printemps 987, Louis V, le jeune roi carolingien, meurt au cours d'une chasse. Son oncle Charles de Lorraine est prétendant au titre mais c'est Hugues, le duc des Francs, qui est élu par les Grands du royaume à Senlis.

Hugues est issu d'une illustre famille qui a défendu la France contre les Vikings. On lui donnera le surnom de Capet après son règne, probablement parce qu'il était abbé de Saint-Martin de Tours où était conservée la cape de saint Martin. Protecteur de l'abbaye de Cluny, le nouveau roi bénéficie de l'appui de l'Église, mais il doit lutter à la fois contre Charles de Lorraine, l'héritier carolingien, et Eudes de Blois, un de ses vassaux.

Habile, Hugues se maintient neuf ans sur le trône alors qu'il ne domine véritablement qu'un minuscule territoire et que d'autres princes sont plus puissants que lui. Dès la première année de son règne, il fait couronner son fils Robert, imposant une nouvelle dynastie. Pour reconquérir le trône, les Carolingiens doivent désormais combattre deux rois ! Les Capétiens vont rester sur le trône pendant plus de huit siècles.

AH BON ?

Le frère de la femme d'Hugues, le duc d'Aquitaine, domine un territoire au moins dix fois plus grand que le domaine royal.

QUEL TALENT !

Hugues sait choisir ses conseillers : l'un d'entre eux deviendra pape sous le nom de Sylvestre II.

BIO EXPRESS

960 devient duc des Francs

987 sacre d'Hugues Capet et couronnement de son fils Robert

991 se débarrasse de Charles de Lorraine

LE **DÉTAIL** QUI TUE

L'autorité du nouveau roi est limitée : certains grands seigneurs du sud de la France ne sont même pas avertis de son sacre.

LA **CLASSE !**

Quand il est couronné roi aux côtés de son père, Robert n'a que 16 ans. Après Hugues, six rois capétiens feront sacrer leur fils de leur vivant.

Après son élection, Hugues Capet se fait sacrer dans la cathédrale de Noyon, imitant ainsi le prestigieux Charlemagne qui y fut couronné roi des Francs.

991 - 996 : lutte contre Eudes de Blois

996 : meurt au retour d'un pèlerinage

HALLUCINANT !

Les historiens ne savent toujours pas la date exacte du sacre d'Hugues.

1081-1137

Louis VI

Un roi autoritaire et diplomate

- **règne** de 1108 à 1137
- **dynastie** des Capétiens
- **succède à** Philippe Ier, son père
- **précède** Louis VII le Jeune, son fils
- **épouse** Lucienne de Rochefort, puis Adelaïde de Savoie

Régnant depuis plusieurs années avec son père Philippe Ier, Louis est sacré roi à Orléans en 1108. Bien conseillé par son principal ministre, l'abbé de Saint-Denis Suger, il est le premier roi capétien à imposer son autorité aux Grands du royaume. Le jeune roi favorise l'indépendance des communes au détriment des seigneurs, étend le domaine royal sur lequel il règne directement et le fait surveiller par des représentants locaux, les prévôts.

Roi chevalier, il parvient à réunir une grande armée pour défendre le nord-est de la France en 1124 et chasse les troupes de l'empereur allemand. Mais sa plus grande réussite est le mariage de son fils avec Aliénor d'Aquitaine qui apporte son immense duché au royaume.

AH BON ?

Louis VI est si costaud qu'il est successivement surnommé « le Gros », « le Colosse au teint blême » et « le Batailleur ».

LE DÉTAIL QUI TUE

La femme de Louis VI, Adélaïde, est célèbre... pour son incroyable laideur !

BIO EXPRESS

- **1109-1119** lutte contre le duc de Normandie
- **1110** autorise les villes à avoir un maire
- **1115** épouse Adélaïde de Savoie

- **règne** de 1137 à 1180
- **dynastie** des Capétiens
- **succède à** Louis VI le Gros, son père
- **précède** Philippe Auguste, son fils
- **épouse** Aliénor d'Aquitaine, puis Constance de Castille et Adèle de Champagne

HALLUCINANT !

Louis VII devient roi par accident. Son frère aîné, Philippe, meurt en tombant de son cheval, effrayé par un cochon en plein cœur de Paris.

LE POTIN

Aliénor espérait un mari plus affectueux et déclare : « J'ai épousé un moine, non un roi ! »

1120-1180

Louis VII

Le Capétien austère

Devenu roi après la mort de son père Louis VI, ce jeune souverain timide règne sur un territoire considérable grâce à son mariage avec Aliénor d'Aquitaine. Lors d'une bataille contre le comte de Champagne, il s'estime responsable de la mort de plus de 1 000 personnes brûlées vives dans un incendie et il décide de partir en croisade pour se faire pardonner. Le voyage est fatal pour le couple royal qui divorce à son retour en France.

Malheureux en amour, Louis VII est un bon souverain. Il renforce l'unité et la prospérité du royaume avec l'aide de Suger, l'abbé de Saint-Denis. Sa troisième épouse, Adèle de Champagne, lui donne enfin un fils qu'il fait sacrer à Reims de son vivant. Cet héritier portera le nom glorieux de Philippe Auguste et deviendra l'un des plus grands rois capétiens.

BIO EXPRESS

- **1137** début du règne
- **1147 - 1149** participe à la deuxième croisade
- **1163** début de la construction de Notre-Dame de Paris
- **1180** meurt à 60 ans après 43 ans de règne

- **épouse** du roi de France Louis VII, puis du roi d'Angleterre Henri II
- **mère de** Richard Cœur de Lion et de Jean sans Terre

1122-1204

Aliénor d'Aquitaine

Reine de France et d'Angleterre

À la mort de son père, le duc d'Aquitaine Guillaume X, Aliénor devient l'une des plus riches princesses d'Europe en héritant d'une grande partie du sud-ouest de la France. À 15 ans, elle épouse le jeune prince Louis qui monte sur le trône de France la même année. Le couple règne sur un territoire considérable mais il ne parvient pas à s'entendre. La belle Aliénor, qui aime la fête, invite des troubadours et des poètes. Louis VII est secret et timide.

Après la deuxième croisade à laquelle ils participent tous les deux, Aliénor obtient le divorce et reprend ses territoires. Huit semaines plus tard, elle les cède à son nouveau mari, Henri Plantagenêt, futur roi d'Angleterre. Les Anglais sont maîtres de près de la moitié de la France actuelle !

Mais ce second mariage n'est pas plus heureux. Après avoir monté ses deux garçons contre leur père, Aliénor est emprisonnée pendant près de 15 ans. Elle sera libérée par son fils Richard Cœur de Lion devenu roi en 1189.

HALLUCINANT !

Louis VI meurt 15 jours seulement après le mariage d'Aliénor et du futur Louis VII : le jeune couple se connaît à peine lorsque Louis monte sur le trône.

LA CLASSE !

Aliénor est la mère de deux rois, dont le futur Richard Cœur de Lion, et de deux reines.

BIO EXPRESS

- **1137** devient duchesse d'Aquitaine, se marie avec Louis VII
- **1147** accompagne son mari à la deuxième croisade
- **1152** divorce de Louis VII et se marie avec Henri Plantagenêt

À la cour de Louis VII puis d'Henri II d'Angleterre ou dans son duché d'Aquitaine, Aliénor aime être entourée de troubadours, de conteurs et de poètes.

LE POTIN

Quand Aliénor épouse l'Anglais Henri Plantagenêt, elle a 30 ans et lui... 18 !

AH BON ?

Le grand-père d'Aliénor, Guillaume IX, est l'un des plus grands poètes du Moyen Âge.

1200 — se retire à l'abbaye de Fontevraud

1204 — mort à Fontevraud

LA HAINE !

Aliénor et Louis VII sont souvent représentés en train de supplier Dieu de leur donner un fils. En 15 ans de mariage, ils n'auront que deux filles.

1165-1223

Philippe Auguste

Le grand conquérant

- **règne** de 1180 à 1223
- **dynastie** des Capétiens
- **succède à** Louis VII, son père
- **précède** Louis VIII, son fils
- **épouse** Isabelle de Hainaut, puis Ingeburge de Danemark et Agnès de Méran

Sacré du vivant de Louis VII, le jeune roi Philippe II monte sur le trône à 15 ans en 1180 pour un long règne de 43 ans, comme son père.

Considéré comme l'un des plus grands souverains de l'histoire de France, il réorganise complètement l'administration du royaume en nommant des baillis dans les régions du nord et des sénéchaux dans celles du sud. Ces représentants du roi ont autorité sur la justice, la police et les finances.

Sa politique étrangère est tout aussi brillante. En 1204, il s'empare de la forteresse de Château-Gaillard et chasse le roi d'Angleterre qui occupait la Normandie. Dix ans plus tard, Philippe Auguste remporte la prestigieuse bataille de Bouvines face à une alliance formée par Jean sans Terre d'Angleterre, le comte de Flandres, le comte de Boulogne et l'empereur germanique Otton IV. Ce triomphe entraîne de grandes manifestations de joie autour du roi de France victorieux. Pour beaucoup, Bouvines marque la naissance de la nation française.

QUEL TALENT !

Grâce à Philippe Auguste, le domaine royal a quadruplé et le pouvoir des grands seigneurs s'est beaucoup affaibli.

LE POTIN

Philippe Auguste répudie sa femme Ingeburge de Danemark le lendemain de ses noces et la fait enfermer dans un couvent. On ne sait toujours pas pourquoi.

BIO EXPRESS

- **1180** début du règne
- **1190** troisième croisade
- **1196** construction de la forteresse de Château-Gaillard

Le jour de la bataille de Bouvines, les Français sont moins nombreux que leurs adversaires : environ 7 000 soldats contre près de 9 000.

AH **BON ?**

Souverain bâtisseur, il construit la forteresse du Louvre, fait paver les principales rues de Paris et fait bâtir un mur d'enceinte autour de la capitale.

LA **HAINE !**

Philippe Auguste est toute sa vie affaibli par une maladie mystérieuse attrapée lors de la troisième croisade.

1204 — prise de Château-Gaillard

1209 — croisade contre les Albigeois

1214 — victoire de Bouvines

SYMPA !

Après la victoire de Bouvines, Philippe Auguste organise une grande fête à Paris pendant sept jours et sept nuits.

- **règne** de 1223 à 1226
- **dynastie** des Capétiens
- **succède à** Philippe Auguste, son père
- **précède** Louis IX, son fils
- **épouse** Blanche de Castille

1187-1226

Louis VIII

Un lion indomptable

Le 6 août 1223, Louis VIII et sa femme Blanche de Castille sont sacrés à Reims, trois semaines après la mort de Philippe Auguste. Le nouveau roi est le premier Capétien n'ayant pas été associé au trône par son père, signe que la dynastie est désormais solidement installée.

Louis VIII est l'un des souverains français les plus courageux et gagne le surnom de « Lion » sur les champs de bataille. Avant son sacre, il remporte, aux côtés de son père, la bataille de La Roche-aux-Moines contre Jean sans Terre, roi d'Angleterre. Il tente par la suite, en vain, de conquérir l'Angleterre. Il sera plus heureux en France où il s'empare du Languedoc aux dépens du comte de Toulouse et parvient à reprendre aux Anglais le Poitou, le Périgord et le Limousin.

Très chrétien, Louis VIII écrase dans le sud-ouest de la France les Cathares (1209-1215) qui contestent l'autorité du pape. Il meurt seulement trois ans après son accession au trône.

DUR !

En 1216, Louis débarque en Angleterre en espérant s'emparer de la couronne anglaise. Mais une année plus tard, il rentre bredouille en France !

LA CLASSE !

Louis VIII descend à la fois des Capétiens, par son père, et des Carolingiens, par sa mère.

BIO EXPRESS

- **1200** Louis épouse la jeune Blanche de Castille
- **1214** victoire de La Roche-aux-Moines
- **1223** début de son règne
- **1226** s'empare d'Avignon, de Nîmes, de Carcassonne et d'Albi

1188-1252

Blanche de Castille

Une Espagnole au service de la France

- **épouse** de Louis VIII
- **fille** du roi de Castille
- **mère** de Louis IX
- **régente** de 1226 à 1235 et de 1248 à 1252

LE **POTIN**

Le comte Thibaud de Champagne est amoureux de Blanche. Il écrit de nombreux poèmes à sa gloire.

AH **BON ?**

Blanche de Castille et Louis VIII ont 12 enfants dont le futur Louis IX !

Blanche est la fille du roi de Castille, un petit royaume du nord de l'Espagne. En 1200, sa grand-mère, Aliénor d'Aquitaine, propose au roi de France Philippe Auguste de la choisir comme belle-fille. Une bonne idée pour apaiser les conflits entre les Capétiens qui règnent sur la France et les Plantagenêts d'Angleterre !

Blanche épouse Louis en Normandie. Elle a 12 ans et lui 13 ! Après une longue attente, Louis VIII monte sur le trône en 1223 et meurt brutalement trois ans plus tard. Blanche gouverne en attendant que son fils, le futur saint Louis, soit en âge de régner. Combative, elle brise la révolte menée par les grands seigneurs, comme le duc de Bretagne, qui refusent l'autorité des Capétiens. Elle continue de conseiller son fils par la suite et quand il participe à la septième croisade (1248-1252), elle dirige à nouveau le royaume d'une main de fer !

BIO EXPRESS

- **1223** : sacre de Louis VIII et de Blanche de Castille
- **1226-1235** : première régence
- **1226-1231** : brise la révolte des grands seigneurs
- **1248-1252** : seconde régence

1214-1270

Louis IX

Le roi juste et saint

- **règne** de 1226 à 1270
- **dynastie** des Capétiens
- **succède** à Louis VIII, son père
- **précède** Philippe III, son fils
- **épouse** Marguerite de Provence

AH BON ?

Marguerite de Provence donne 11 enfants à Louis IX. Mais elle souffre de l'extrême jalousie de sa belle-mère, Blanche de Castille, qui veut avoir son fils seul auprès d'elle.

LA CLASSE !

Il est le seul roi de France à avoir été canonisé, c'est-à-dire à être considéré comme un saint.

Quand son père meurt en 1226, Louis IX, mieux connu aujourd'hui sous le nom de saint Louis, n'a que 12 ans. Sa mère Blanche de Castille gouverne jusqu'en 1235 en attendant que le souverain soit en âge de régner.

Pour maintenir la paix dans le royaume, Louis IX crée une cour de justice royale. Très charitable, il n'hésite pas à inviter les plus pauvres à sa table. Considéré comme le plus grand roi d'Occident de son temps, Louis IX est sollicité par les autres souverains pour régler leurs conflits !

Sous son long règne de 44 ans, ce souverain chrétien fait élever les cathédrales de Reims, de Chartres, d'Amiens, de Bourges et la magnifique Sainte-Chapelle de Paris. Mais Louis IX est sans pitié pour ceux qui ne partagent pas sa foi. Il encourage la guerre violente menée dans le sud-ouest contre les Cathares (appelés aussi Albigeois), accusés par le pape de ne pas suivre les principes de l'Église. Il mène aussi la septième et la huitième croisade pour libérer le tombeau du Christ, tombé entre les mains des musulmans depuis leur reconquête de Jérusalem en 1187.

BIO EXPRESS

- **1226** début du règne
- **1242-1248** construction de la Sainte-Chapelle de Paris
- **1244** fin de la croisade contre les Cathares

LA **STAR**

Ses pires ennemis, les musulmans, respectent beaucoup Louis IX. Ils le surnomment même « le sultan juste ».

Pour assurer une bonne justice, saint Louis fait réaliser une grande enquête auprès de ses sujets car il veut connaître leurs problèmes.

RESPECT !

Louis IX demande à son ami Robert de Sorbon de fonder une université à Paris en 1257. C'est la naissance de la Sorbonne !

1248-1252 – mène la septième croisade

1270 – meurt à Tunis pendant la huitième croisade

1297 – est canonisé par le pape et devient saint Louis

TROP **GORE !**

Pour que le corps de Louis IX, mort à Tunis pendant la huitième croisade, résiste au voyage jusqu'à Paris, il est bouilli dans du vin aromatisé d'épices.

1268-1314 Philippe IV le Bel

Un souverain impitoyable

- **règne** de 1285 à 1314
- **dynastie** des Capétiens
- **succède à** Philippe III, son père
- **précède** Louis X, son fils
- **épouse** Jeanne de Navarre

Onzième roi de la dynastie des Capétiens, Philippe IV monte sur le trône à 17 ans, après la mort de son père Philippe III le Hardi. Très autoritaire, le nouveau souverain est surnommé l'homme de fer ou l'homme de marbre : « Ce n'est ni un homme ni une bête, c'est une statue », dit de lui son ennemi, l'évêque Bernard Saisset.

Bien conseillé par des princes et des hommes de loi, Philippe IV modernise la France, lui donne une solide administration et crée de nouveaux impôts, comme la taille, une taxe prélevée chez toutes les familles du royaume, pour financer ses guerres. En 1302, il connaît l'un de ses rares échecs à la bataille de Courtrai où ses chevaliers sont battus par les Flamands, alliés des Anglais.

Pour renflouer le trésor royal, Philippe IV fait fabriquer de la monnaie dont la valeur ne correspond pas à la quantité de métal précieux qu'elle contient et il confisque les biens des juifs qu'il chasse de France. Jaloux de la puissance et de la richesse de l'ordre religieux des Templiers, il les fait arrêter dans tout le royaume, en 1307, et beaucoup sont torturés ; le maître de l'ordre périt sur le bûcher en 1314.

MALIN !

Craignant d'être fait prisonnier, Philippe IV ne participe presque jamais aux batailles livrées par son armée.

DUR !

Trois de ses fils deviendront rois mais aucun n'aura d'héritier. La lignée des Capétiens directs s'éteint avec eux.

BIO EXPRESS

- **1286** couronnement à Reims avec la reine Jeanne
- **1296** début du conflit entre le roi de France et le pape
- **1302** l'armée française se fait écraser par les Flamands à Courtrai

Philippe IV le Bel ne prend aucune décision importante sans discuter de longues heures avec ses conseillers, de peur de faire des erreurs.

LE **POTIN**

Deux belles-filles de Philippe IV sont accusées d'avoir trompé leur mari. Elles sont emprisonnées et leurs amants écorchés vifs !

SYMPA !

En se mariant avec Jeanne, le roi reçoit en cadeau le riche comté de Champagne et la Navarre.

1305

soutenu par Philippe IV, le Français Clément V est élu pape

1307

arrestation des Templiers

TROP **GORE** !

À sa demande, le cœur et le corps de Philippe le Bel sont séparés après sa mort et enterrés dans deux lieux différents !

1293-1350

Philippe VI

Le premier des Valois

- **règne** de 1328 à 1350
- **dynastie** des Valois
- **succède à** Charles IV, son cousin
- **précède** Jean II, son fils
- **épouse** Jeanne de Bourgogne, puis Blanche de Navarre

Cousin des frères Louis X le Hutin, Philippe V le Long et Charles IV le Bel, qui se sont succédé sur le trône et sont morts sans descendance masculine, Philippe de Valois devient roi de France en 1328. Mais Edouard III, roi d'Angleterre et petit-fils de Philippe le Bel par sa mère, revendique lui aussi la couronne. C'est le début de la guerre de Cent Ans qui tourne à la catastrophe pour le camp français.

Avec son armée mal organisée, Philippe VI est sévèrement battu à la bataille navale de l'Écluse (1340) puis à Crécy (1346). En échange d'une trêve, les Français doivent céder Calais : la ville restera anglaise pendant plus de deux siècles ! Ce règne malchanceux est aussi marqué par les famines et les épidémies de peste. Malgré ces désastres, le domaine royal ne cesse de s'agrandir et de s'enrichir : Philippe VI crée un impôt sur le sel, la gabelle, qui deviendra la plus grosse ressource de la monarchie. Il achète aussi Montpellier au roi espagnol, Jacques III de Majorque.

AH BON ?

La province du Dauphiné est cédée par Humbert II à Philippe VI en 1349 : le fils du roi porte désormais le titre de dauphin.

BIEN DIT !

Le roi Philippe VI est l'auteur de la célèbre formule : « Qui m'aime me suive ».

BIO EXPRESS

- **1328** est proclamé roi à Vincennes puis sacré à Reims
- **1340** défaite de l'Écluse
- **1346** défaite de Crécy
- **1349** achat de Montpellier

1319-1364

Jean II le Bon

Un chevalier au pouvoir

- **règne** de 1350 à 1364
- **dynastie** des Valois
- **succède à** Philippe VI, son père
- **précède** Charles V, son fils
- **épouse** Bonne de Luxembourg, puis Jeanne de Boulogne

LA STAR

Jean le Bon est le premier roi de France dont il existe un portrait ressemblant.

AH BON ?

La captivité de Jean II est confortable : il est logé avec sa cour de plusieurs centaines de personnes et peut se promener où il veut !

Couronné en 1350 à la mort de son père Philippe VI de Valois, Jean II le Bon a comme lui un règne mouvementé et malheureux. Soucieux de protéger la France qui s'est engagée dans la guerre de Cent Ans, Jean II organise son armée dès le début de son règne pour lutter contre le roi d'Angleterre Edouard III et son fils, le terrible Prince Noir. Mais les Anglais sont trop forts.

Fait prisonnier avec un de ses fils à la bataille de Poitiers en 1356, le souverain français est obligé de verser une énorme rançon et de céder un tiers de son royaume aux Anglais. Et ce n'est pas tout. En échange de sa liberté en 1360, deux de ses fils et son frère doivent rester comme otages à Londres ! Marché conclu. Mais le jeune Louis d'Anjou ne respecte pas la parole donnée et s'enfuit en France. Roi aux principes chevaleresques, Jean II retourne à Londres en 1363 pour se livrer à ses ennemis. Il abandonne son royaume terriblement appauvri par la guerre et miné par les révoltes paysannes.

BIO EXPRESS

- **1348-1353** épidémie de peste noire en France
- **1350** Jean II est sacré à Reims
- **1356** défaite de Poitiers face aux Anglais
- **1364** mort de Jean II à Londres

- **règne** de 1364 à 1380
- **dynastie** des Valois
- **succède à** Jean II, son père
- **précède** Charles VI, son fils
- **épouse** Jeanne de Bourbon

1338-1380

Charles V

Un roi sage et cultivé

Quand il monte sur le trône, Charles V hérite d'un royaume ruiné par la guerre de Cent Ans, les épidémies de peste noire et les jacqueries (les révoltes paysannes). Entouré de conseillers compétents, il restaure les finances de la France et l'autorité de la monarchie.

Conscient de la supériorité de l'armée anglaise, Charles V privilégie les attaques rapides et efficaces. C'est une bonne stratégie. À la fin de son règne, les Anglais ne possèdent plus que quelques ports comme Brest, Bordeaux ou Calais. Avec l'aide de Bertrand Du Guesclin, Charles V débarrasse le royaume des Grandes Compagnies, formées de mercenaires qui sont au service des Français mais pillent les populations entre les combats.

Protecteur des savants et des artistes, le roi aménage dans une tour de sa forteresse du Louvre une collection de près de 1 000 livres qui deviendra la bibliothèque royale puis nationale.

LE DÉTAIL QUI TUE

Charles V souffre d'un handicap à la main droite qui l'empêche de combattre à l'épée.

RESPECT !

Charles V ordonne que Bertrand Du Guesclin soit enterré dans la basilique de Saint-Denis. Il est le premier défunt de la nécropole qui n'appartient pas à la famille royale.

BIO EXPRESS

- **1357** Charles V gouverne le royaume pendant la captivité de son père
- **1364** début du règne
- **1368** reprise de la guerre contre les Anglais
- **1372** Du Guesclin reprend Poitiers et La Rochelle aux Anglais

1368-1422

Charles VI

Un fou bien-aimé

- **règne** de 1380 à 1422
- **dynastie** des Valois
- **succède à** Charles V, son père
- **précède** Charles VII, son fils
- **épouse** Isabeau de Bavière

HALLUCINANT !

Le règne de Charles VI est l'un des plus longs de l'histoire de France : 42 ans.

AH BON ?

Pour sauver le roi de la folie, de nombreux sorciers ou magiciens sont invités à la cour. N'ayant pas réussi à le guérir, ils sont condamnés à être brûlés vifs.

Le jeune Charles VI succède à son père à 11 ans, mais doit accepter l'autorité de ses quatre oncles ambitieux qui cherchent à tirer du pouvoir le maximum de profits personnels. À sa majorité, en 1388, il parvient à les écarter et gouverne avec les marmousets, les conseillers de son père, avant de basculer dans la folie. Dès 1392, il montre ses premiers signes de démence dans la forêt du Mans où il tue des hommes de sa garde. Un an plus tard, quatre de ses amis meurent accidentellement dans un bal, brûlés vifs sous ses yeux. Charles VI échappe de peu à cette mort horrible mais il est très choqué.

La folie du roi empire, le royaume sombre dans la guerre civile. Les Anglais en profitent. En 1415, les cavaliers français sont humiliés par les archers gallois à Azincourt où une grande partie de la noblesse est exterminée. Cinq ans plus tard, Charles VI signe le traité de Troyes et reconnaît Henri V, le souverain d'Angleterre, comme héritier du trône de France, déshéritant son propre fils, le futur Charles VII.

BIO EXPRESS

- **1380** début du règne
- **1392** sombre dans la folie
- **1415** les Anglais écrasent les Français à Azincourt
- **1420** la France est livrée aux Anglais par le traité de Troyes

- **règne** de 1422 à 1461
- **dynastie** des Valois
- **succède à** Charles VI, son père
- **précède** Louis XI, son fils
- **épouse** Marie d'Anjou

1403-1461

Charles VII

Conquérant de son propre royaume

En 1422, à la mort de son père Charles VI, le dauphin Charles n'a aucun droit de régner. En vertu du traité de Troyes, c'est le jeune Henri V, fils du roi d'Angleterre, qui doit devenir roi de France. De plus, les Anglais occupent une partie de l'Aquitaine et toute la France au nord de la Loire, à l'exception de quelques villes et forteresses. Enfin, le royaume est menacé à l'est par les puissants ducs de Bourgogne, alliés des Anglais.

Grâce au courage de Jeanne d'Arc, une jeune bergère déterminée à délivrer la France occupée, Charles VII, qui réside à Bourges, va réussir à s'imposer. Il parvient à empêcher la prise d'Orléans par les Anglais et à se faire sacrer à Reims en 1429.

En 1435, la réconciliation du « petit roi de Bourges » avec Philippe le Bon, duc de Bourgogne, lui permet deux ans plus tard de reconquérir Paris, aux mains des Anglais depuis 17 ans. En 1453, la bataille de Castillon signe la fin de la guerre de Cent Ans. Les Anglais n'ont plus que Calais. Après 39 ans de règne, Charles VII a renforcé la monarchie capétienne et les finances du royaume grâce au financier Jacques Cœur.

HALLUCINANT !

Charles VII avait peu de chances de devenir roi : il est le cinquième fils de Charles VI mais les quatre autres sont morts trop tôt.

LE POTIN

Charles VII est un père comblé : il a quatorze enfants avec la reine et quatre autres avec sa maîtresse Agnès Sorel.

BIO EXPRESS

- **1422** mariage avec Marie d'Anjou, fille du roi de Naples
- **1429** sacre de Charles VII à Reims
- **1431** Jeanne d'Arc est brûlée vive

Le 17 juillet 1429, grâce à Jeanne d'Arc, Charles VII est sacré à Reims. Pourtant, le roi ne sera pas reconnaissant et l'abandonnera quand elle sera aux mains des Anglais.

LA **HAINE** !

À la fin de son règne, Charles VII est persuadé que son fils, le futur Louis XI, cherche à l'empoisonner pour le remplacer sur le trône.

MALIN !

Charles VII est le premier souverain à organiser une véritable armée permanente dans le royaume.

TROP **GORE** !

Sous le règne de Charles VII, de terribles bandits, les Écorcheurs, mettent la France à feu et à sang !

1435

s'allie avec le duc de Bourgogne contre les Anglais

1453

fin de la guerre de Cent Ans

1423-1483

Louis XI

Un roi prudent et efficace

- **règne** de 1461 à 1483
- **dynastie** des Valois
- **succède à** Charles VII, son père
- **précède** Charles VIII, son fils
- **épouse** Marguerite d'Écosse, puis Charlotte de Savoie

Fils de Charles VII et de Marie d'Anjou, Louis XI tente d'écarter son père du trône dès 1440. Il n'a alors que 17 ans ! Exilé dans la province du Dauphiné, ce jeune prince ambitieux va devoir attendre encore seize longues années pour régner.

Il mène alors une politique sage et péfère toujours la diplomatie à la guerre, y compris contre son ennemi intime, Charles le Téméraire, le duc de Bourgogne. Sa stratégie est intelligente. Quand ce puissant seigneur meurt en 1477, les riches territoires de Bourgogne et de Picardie sont rattachés au royaume.

Sur le plan économique, Louis XI favorise la création de foires (Lyon, Caen, Rouen) pour relancer l'activité commerciale. Mal aimé par son peuple qu'il accable d'impôts, il est pourtant l'un des plus grands souverains de France. Il agrandit considérablement le domaine royal et étend son autorité à l'ensemble du royaume, à l'exception de la Bretagne. Prudent, il désigne sa fille Anne de Beaujeu pour assurer la régence après sa mort en attendant que son fils Charles VIII soit en âge de gouverner.

MALIN !

Louis XI crée le premier service de la poste royale : les « facteurs » se déplacent à pied et à cheval.

LA CLASSE !

Le premier livre imprimé en français est publié en 1470, sous le règne de Louis XI.

BIO EXPRESS

- **1440** révolté contre son père, Louis est exilé en Dauphiné
- **1461** sacre de Louis XI à Reims et début du règne
- **1463** création d'une université à Bourges, sa ville natale

Sans pitié, Louis XI n'hésite pas à enfermer ses ennemis dans des petites cages en fer ou en bois que l'on surnomme « les fillettes ».

AH BON ?

Les ennemis de Louis XI comparent le roi à une araignée. Comme elle, il guette patiemment ses proies et les élimine sans pitié.

DUR !

Ingrat, Louis XI n'assiste même pas aux funérailles de son père à Saint-Denis.

1467 – début de la guerre contre Charles le Téméraire, duc de Bourgogne

1477 – la Bourgogne est rattachée au royaume

QUEL TALENT !

Vers 1482, Louis XI explique dans un livre destiné à son fils, le futur Charles VIII, la meilleure manière de gouverner.

- **règne** de 1483 à 1498
- **dynastie** des Valois
- **succède à** Louis XI, son père
- **précède** Louis XII, son cousin
- **épouse** Anne de Bretagne

1470-1498

Charles VIII

Le conquérant malchanceux

À la mort de son père Louis XI, Charles VIII n'a que 13 ans. Sa sœur aînée, Anne de Beaujeu, règne jusqu'à sa majorité en 1491 et fait face à la révolte des grands princes du royaume conduite par Louis d'Orléans, futur Louis XII. La régente sort victorieuse de cette « guerre folle ». En 1491, Charles VIII épouse la duchesse Anne de Bretagne. Cette union stratégique est la première étape du rattachement de la Bretagne à la France.

Attiré par l'Italie, le jeune roi y mène plusieurs expéditions à partir de 1494. Il s'empare sans grandes difficultés de Florence, de Rome et de Naples, mais ses conquêtes sont éphémères et il doit rentrer en France. Charles VIII vit le plus souvent dans son château de Blois et fait connaître les artistes de la Renaissance italienne.

Alors qu'il prépare une nouvelle expédition, Charles VIII meurt après avoir violemment heurté le haut d'une porte de son château d'Amboise. Le jeune roi n'a pas d'héritier. La couronne revient à son cousin Louis XII qui épouse aussi sa veuve Anne de Bretagne.

LA HAINE !

Les six enfants que Charles VIII et Anne de Bretagne ont eus en sept ans de mariage sont tous morts en bas âge.

LA STAR

À l'époque de Charles VIII, la cour du roi est déjà composée de près de 1 000 grands seigneurs.

BIO EXPRESS

- **1483** – Charles VIII devient roi
- **1485-1488** – les grands seigneurs se révoltent contre Anne de Beaujeu
- **1491** – mariage avec Anne de Bretagne

Pour que la Bretagne reste dans le royaume, le contrat de mariage entre Charles VIII et Anne de Bretagne prévoit que si le roi meurt, sa femme épouse son successeur.

SYMPA !

Charles VIII rapporte en France de nombreux chefs-d'œuvre de la Renaissance italienne qu'il découvre à Florence et à Rome.

MALIN !

Charles VIII est protégé par 100 gardes suisses qui veillent sur lui jour et nuit. Réputés pour leur courage, ils serviront les rois de France jusqu'en 1830 !

1494 – début des guerres d'Italie

1498 – mort accidentelle du roi

AH BON ?

En bronze doré et en émail, le tombeau de Charles VIII était l'un des plus beaux de la nécropole de Saint-Denis. Il a été volé et fondu par les révolutionnaires en 1792.

1462-1515

Louis XII

Le père du peuple

- **règne** de 1498 à 1515
- **dynastie** des Valois
- **succède à** Charles VIII, son cousin
- **précède** François Ier, son cousin et gendre
- **épouse** Jeanne de France, puis Anne de Bretagne et Mary Tudor

Charles VIII étant mort sans héritier, son cousin Louis d'Orléans, arrière-petit-fils de Charles V, monte sur le trône de France. Comme son prédécesseur, contre qui il s'était révolté lors de la guerre folle (1485-1488), Louis XII se marie avec la duchesse Anne de Bretagne et rêve de grandes conquêtes italiennes. En 1500, il est le maître de presque toute l'Italie mais il va perdre ses possessions au fur et à mesure.

Surnommé le « père de son peuple », Louis XII doit sa popularité à la prospérité retrouvée de la France et à l'amélioration du fonctionnement de la justice par la grande ordonnance de Blois (1499). En 1506, il obtient la confiance des représentants du clergé, de la noblesse et de la bourgeoisie lors des états généraux de Tours. Malgré ses trois mariages, Louis XII n'a pas de fils. Il laisse sa couronne à son gendre et cousin, le futur François Ier.

LA CLASSE !

Louis XII est un grand chasseur au faucon, mais il n'hésite pas à traquer ses proies en utilisant des léopards et des lynx domestiqués.

LE DÉTAIL QUI TUE

Louis XII choisit comme symbole le porc-épic que l'on croit capable de projeter ses piquants sur ses adversaires !

BIO EXPRESS

- **1485-1488** : révolte contre Charles VIII et sa sœur
- **1498** : début du règne
- **1499** : mariage avec Anne de Bretagne
- **1500** : conquête éphémère de nombreuses régions italiennes

- **épouse** des rois de France Charles VIII, puis Louis XII
- **fille** de François II, duc de Bretagne
- **duchesse de Bretagne** (1488-1514)
- **mère** de Claude de France, l'épouse de François Ier

1477-1514

Anne de Bretagne

Deux fois reine de France

À la mort de son père, la duchesse Anne de Bretagne hérite d'un immense territoire convoité par tous les monarques européens. Promise au fils du roi d'Angleterre, puis à l'Autrichien Maximilien de Habsbourg, elle se marie finalement avec le jeune roi Charles VIII en 1491 et accepte par contrat d'épouser son successeur. En 1499, fidèle à sa promesse, elle se marie avec Louis XII qui vient de monter sur le trône après la mort accidentelle de Charles VIII. En échange, elle obtient de régner en toute indépendance sur son duché.

Sage et habile, elle gouverne la Bretagne avec courage et s'y rend pour de nombreux séjours tout en vivant à la cour du roi où elle protège les poètes et les artistes. À sa mort en 1514, le duché revient à la France mais ce n'est qu'en 1532 que la Bretagne est unie officiellement et définitivement à la couronne.

LA CLASSE !

Anne de Bretagne s'entoure d'une cour d'élégantes jeunes femmes dont la tenue doit être parfaite.

AH BON ?

Elle aurait choisi comme emblème une hermine blanche, animal qui l'avait impressionnée par son courage lors d'une chasse.

BIO EXPRESS

- **1491** épouse Charles VIII
- **1498** se retire dans son château de Nantes après la mort de Charles VIII
- **1499** épouse Louis XII
- **1505** voyage en Bretagne pour montrer son attachement au duché

1494-1547

François Ier

Le chevalier mécène

- **règne** de 1515 à 1547
- **dynastie** des Valois
- **succède à** Louis XII, son cousin et beau-père
- **précède** Henri II, son fils
- **épouse** Claude de France, puis Éléonore de Habsbourg

LE **DÉTAIL** QUI TUE

Diplomatie oblige, la seconde femme de François Ier est la sœur de son pire ennemi, Charles Quint !

LA **HAINE !**

Après la bataille de Pavie, François Ier reste prisonnier pendant près d'un an à Madrid.

Devenu roi le jour de ses 20 ans, le 1er janvier 1515, François Ier succède à son cousin Louis XII, mort sans héritier, et poursuit les guerres d'Italie initiées par ses prédécesseurs. Neuf mois après son sacre, il remporte la prestigieuse victoire de Marignan contre les Suisses qui protègent la région de Milan.

Tout au long de son règne, il s'oppose à Charles Quint, le roi d'Espagne, maître de la moitié de l'Europe ! Il tente en vain de faire alliance avec Henri VIII d'Angleterre, lors de la rencontre du Drap d'or. Privé de cet allié de poids, ses campagnes militaires sont désastreuses et coûtent cher au royaume !

Le règne de François Ier est brillant dans le domaine de la culture et de l'administration. Il est l'un des premiers rois à s'entourer d'une cour de grands seigneurs qui le suivent de château en château. Il peut ainsi surveiller les plus ambitieux. Avec l'ordonnance de Villers-Cotterêts, il impose le français pour les textes officiels. C'est une révolution en France où, dans chaque région, on parle une langue différente. Très cultivé, François Ier invite les plus grands artistes de la Renaissance italienne comme Léonard de Vinci.

BIO EXPRESS

- **1515** début du règne et victoire de Marignan
- **1516** installe Léonard de Vinci au château du Clos Lucé
- **1520** échec de l'alliance avec Henri VIII

En 1516, François Ier invite Léonard de Vinci au Clos Lucé, près du château royal d'Amboise. Il a apporté certaines de ses œuvres les plus célèbres, dont *La Joconde*.

AH **BON ?**

La salamandre est l'emblème de la famille de François Ier. Capable de régénérer ses membres et sa queue, elle résisterait aussi au feu, croit-on à tort.

SÉQUENCE **ÉMOTION**

En 1515, à sa demande, François Ier est armé chevalier à Marignan (Italie) par le fameux chevalier Bayard.

1525 — défaite de Pavie et captivité à Madrid

1539 — ordonnance de Villers-Cotterêts

LA **CLASSE !**

Plus vaste château de la Loire, Chambord compte 440 pièces, 84 escaliers et 365 cheminées !

1519-1559

Henri II

Le défenseur du catholicisme

- **règne** de 1547 à 1559
- **dynastie** des Valois
- **succède à** François Ier, son père
- **précède** François II, son fils
- **épouse** Catherine de Médicis

Lorsqu'il monte sur le trône à l'âge de 28 ans, Henri II hérite d'un royaume prospère et puissant. Pendant la majorité de son règne, il s'oppose comme son père François Ier à l'empereur Charles Quint qui domine la plus grande partie de l'Europe. Sur le plan intérieur, Henri tente de contenir en vain la diffusion du protestantisme dans le royaume qui va entraîner après sa mort de terribles guerres de religion pendant près de 40 ans.

Passionné d'art et de culture, ce roi de la Renaissance soutient les artistes et les écrivains comme Montaigne ou Ronsard. Amateur de tournois et d'exercices violents, il est mortellement blessé d'un coup de lance au cours d'une joute lors du mariage de sa fille Élisabeth avec Philippe II d'Espagne. Malgré l'intervention du grand médecin Ambroise Paré, le roi Henri II meurt dans de terribles souffrances. Il n'a que 40 ans.

MALIN !

En 1559, il marie sa fille avec le nouveau roi d'Espagne pour mettre fin à 40 années de guerre entre les deux royaumes.

LE POTIN

Marié avec Catherine de Médicis, Henri vit parallèlement une longue histoire d'amour avec la belle Diane de Poitiers.

BIO EXPRESS

- **1525** : enfant, Henri reste cinq ans prisonnier de Charles Quint
- **1533** : mariage avec Catherine de Médicis
- **1547** : sacre à Reims
- **1558** : mort de Charles Quint, son ennemi intime

- **épouse** du roi de France Henri II
- **mère** de trois rois : François II, Charles IX et Henri III

1519-1589

Catherine de Médicis

Mère de trois rois

Fille du prince Laurent II de Médicis et nièce du pape Clément VII, Catherine de Médicis épouse Henri, le fils cadet de François Ier qui n'est pas destiné à régner. Mais la mort du dauphin François va changer son destin. Son mari monte sur le trône en 1547 sous le nom d'Henri II avant de mourir accidentellement en 1559. Contre toute attente, Catherine de Médicis va diriger le royaume pendant près de 30 ans.

Austère et autoritaire, peu aimée à la cour, elle se bat avec courage auprès de ses trois fils pour sauvegarder l'unité du royaume. Elle mène d'abord une politique de dialogue entre catholiques et protestants. Elle laisse ensuite le pays sombrer dans la guerre civile après le massacre de la Saint-Barthélemy (1572), quatre jours après le mariage de sa fille, la reine Margot, avec le chef protestant Henri de Navarre, futur Henri IV.

DUR !

Le romancier Alexandre Dumas accuse Catherine de Médicis d'être une empoisonneuse. C'est une légende qui n'a jamais été prouvée !

AH BON ?

Avant de prendre la moindre décision politique, Catherine de Médicis consulte des mages et des astrologues comme le célèbre Nostradamus.

BIO EXPRESS

- **1547** — Henri II devient roi de France
- **1549** — Catherine II sacrée reine de France
- **1559** — mort d'Henri II
- **1560-1563** — régente du royaume

- **règne** de 1560 à 1574
- **dynastie** des Valois
- **succède à** François II, son frère
- **précède** Henri III, son frère
- **épouse** Élisabeth d'Autriche

1550-1574

Charles IX

Un roi faible

Charles IX monte sur le trône en 1560 après la mort de son frère, François II, foudroyé par une infection à l'oreille après 17 mois de règne. Il n'a que 10 ans et se retrouve à la tête d'un royaume déchiré par les guerres de religion. Pendant 14 ans, l'indécis Charles IX va donc laisser sa mère Catherine de Médicis exercer une grande partie du pouvoir.

Amateur de poésie, très cultivé, l'héritier des Valois n'a pas l'autorité nécessaire pour rétablir la paix ni résister aux chefs du parti catholique comme les ducs de Guise. Dans la nuit du 23 au 24 août 1572, il cède à leur pression et accepte d'ordonner l'assassinat des chefs protestants qui sont à Paris à l'occasion du mariage d'Henri de Navarre et de sa sœur Margot. Mais le jeune roi regrette vite cette décision. Des milliers de protestants sont tués dans la capitale et dans tout le royaume. Le massacre de la Saint-Barthélemy le hantera toute sa courte vie. Victime d'une pleurésie, Charles IX meurt à 24 ans.

HALLUCINANT !

Entre 1564 et 1566, Charles IX fait un grand tour de la France avec sa mère : ils sont accompagnés par une cour de près de 10 000 personnes !

LE POTIN

Fille de l'empereur du Saint-Empire, la reine Élisabeth n'a jamais su parler français !

BIO EXPRESS

- **1561** sacre à Reims
- **1562** début des guerres de religion
- **1564** parcourt le royaume avec sa mère
- **1572** massacre de la Saint-Barthélemy

1551-1589

Henri III

Roi de Pologne et de France

- **règne** de 1574 à 1589
- **dynastie** des Valois
- **succède à** Charles IX, son frère
- **précède** Henri IV, son beau-frère
- **épouse** Louise de Lorraine

SYMPA !

Le roi Henri III adore jouer au bilboquet et il impose ce jeu à la cour de France vers 1585.

AH BON ?

Henri III apprécie d'être entouré d'une cour de favoris très efféminés avec qui il danse et il joue. Ils sont surnommés « les mignons ».

Troisième fils d'Henri II, le duc d'Anjou est roi de Pologne depuis un an lorsqu'il apprend la mort de son frère Charles IX. Il renonce au trône polonais et devient roi de France en 1574 sous le nom d'Henri III. Très intelligent, fin diplomate, il pense pouvoir restaurer l'unité du royaume miné par les guerres de religion. Mais il doit faire face aux ambitions d'Henri de Guise, à la tête du parti catholique, et d'Henri de Navarre, chef des protestants et futur Henri IV.

En 1588, Henri III est obligé de fuir Paris, passé sous le contrôle de son rival catholique. Henri III n'a plus qu'une solution : il invite Henri de Guise dans son château de Blois et le fait assassiner. Puis, pour reprendre sa capitale, il accepte de s'allier avec Henri de Navarre mais aussi de le désigner comme héritier. Le 1er août 1589, les deux hommes font le siège de Paris quand un moine fanatique poignarde le roi. Avec la mort d'Henri III s'éteint la dynastie des Valois.

BIO EXPRESS

- **1573** est élu roi de Pologne
- **1574** devient roi de France
- **1575** sacre à Reims
- **1588** fait assassiner le duc de Guise
- **1589** est assassiné

1553-1610

Henri IV

Le grand bâtisseur

- **règne** de 1589 à 1610
- **dynastie** des Bourbons
- **succède à** Henri III, son beau-frère
- **précède** Louis XIII, son fils
- **épouse** Marguerite de Valois, puis Marie de Médicis

Désigné comme successeur par Henri III, le protestant Henri de Navarre doit lutter plusieurs années avant de monter sur le trône car Paris est occupé par la Ligue, le parti des catholiques. Après plusieurs années de lutte, il accepte de renoncer en 1594 à sa religion pour être accepté à la tête d'un pays catholique et il se fait sacrer à Chartres. Très vite, Henri IV impose la paix dans le royaume avec l'édit de Nantes (1598) qui donne de nombreuses libertés aux protestants et met fin aux guerres de religion.

Bien conseillé par Sully, son principal ministre, le premier des rois Bourbons redresse les finances et développe le commerce et l'industrie. Le royaume retrouve sa prospérité après 30 ans de guerre civile.

Charmeur, bon vivant, Henri IV est aussi un roi autoritaire et ambitieux, soucieux d'agrandir les frontières de la France. Alors qu'il prépare une guerre contre l'Espagne, il est assassiné par Ravaillac le 14 mai 1610. Il ne deviendra populaire qu'après sa mort et sera alors surnommé le « bon roi Henri ».

AH BON ?

Quand il était bébé, le futur Henri IV avait pour berceau une carapace de tortue de mer ! On peut encore le voir au château de Pau.

LE POTIN

Grand séducteur, Henri IV a six enfants avec sa femme et au moins treize avec ses différentes maîtresses.

BIO EXPRESS

- **1572** mariage avec Marguerite de Valois, la reine Margot
- **1594** sacre à Chartres
- **1596** Sully, principal conseiller

Avant d'être tué par Ravaillac de trois coups de couteau, Henri IV avait déjà été victime de plus de quinze tentatives d'assassinat car il était détesté par les catholiques !

MARRANT !

Henri IV adore jouer avec ses enfants qui sont élevés au château de Vincennes. Quand il fait beau, il va nager avec eux dans la Seine.

BIEN DIT !

« Ralliez-vous à mon panache blanc : vous le trouverez sur le chemin de la gloire et de l'honneur ! » (avant la bataille d'Ivry de 1590).

1598 publie l'édit de Nantes

1600 mariage avec Marie de Médicis

1610 est assassiné à Paris

TROP GORE !

Volée à Saint-Denis lors de la Révolution française, la tête d'Henri IV a disparu avant d'être retrouvée en 2008 et authentifiée par des scientifiques.

- **épouse** d'Henri IV
- **reine** de Navarre de 1572 à 1589
- **reine** de France de 1589 à 1599

1553-1615

La reine Margot

Belle et libre

Fille d'Henri II et de Catherine de Médicis, sœur des rois François II, Charles IX et Henri III, Marguerite de Valois épouse Henri de Navarre en 1572. Ce mariage entre une catholique et un protestant doit être le symbole de l'union des sujets du roi de France. Il est au contraire le prétexte du terrible massacre de la Saint-Barthélemy. L'union de ces deux fortes personnalités ne sera pas très heureuse : la souveraine de Navarre ne donne pas d'héritier à Henri et leur couple se brise.

Rejetée par son mari, détestée par le roi, son frère Henri III, Margot doit partir en exil pendant près de 20 ans au château d'Usson, en Auvergne, où elle écrit ses Mémoires, précieux témoignage sur les guerres de religion. En 1599, elle accepte l'annulation de son mariage pour permettre à Henri IV d'épouser Marie de Médicis. Revenue à Paris à la fin de sa vie, elle protège les artistes et mène une vie de fêtes.

MOTIVÉE !

La reine Margot négocie pendant 7 ans son divorce pour obtenir les meilleures conditions de la part du roi.

LA STAR

Belle, cultivée, indépendante, la reine Margot fascine les Français depuis des siècles : elle est l'héroïne de dizaines de romans et de films !

BIO EXPRESS

- **1572** — mariage avec Henri de Navarre
- **1586-1605** — prisonnière au château d'Usson
- **1589** — devient reine de France
- **1599** — divorce officiellement d'Henri IV

1573-1642

Marie de Médicis

Une régente autoritaire

- **épouse** d'Henri IV
- **mère** du roi Louis XIII
- **reine** de France de 1600 à 1610
- **régente** de 1610 à 1617

Fille du grand-duc de Toscane, lointaine nièce de Catherine de Médicis, l'Italienne Marie de Médicis épouse en octobre 1600 Henri IV, récemment divorcé de Marguerite de Valois. Ils ne se connaissent pas et ne s'entendent pas très bien. Une année plus tard, la nouvelle reine donne enfin naissance à un héritier, le futur Louis XIII, puis à cinq autres enfants.

Après l'assassinat d'Henri IV, le 14 mai 1610, Marie exerce la régence avec l'aide de ses influents conseillers florentins comme Concini. C'est une période difficile. Les Grands du royaume contestent l'autorité de la reine qui, malgré les difficultés, accepte mal de céder le trône à Louis XIII. Le jeune roi s'empare par la force du pouvoir en 1617 en faisant assassiner Concini. En 1631, il contraint sa mère à l'exil à Bruxelles. Marie ne reviendra jamais en France et mourra dans la pauvreté.

MALIN !

En 1610, après 10 ans de mariage, Marie exige d'être sacrée pour avoir plus de légitimité. Il était temps ! La cérémonie a lieu le 13 mai, la veille de l'assassinat d'Henri IV !

LE DÉTAIL QUI TUE

Henri IV n'est même pas présent le jour de son mariage avec Marie de Médicis. Quand il la voit pour la première fois, il la trouve très laide !

BIO EXPRESS

- **1600** mariage avec Henri IV
- **1600-1610** est reine de France
- **1610-1617** assure la régence
- **1631** est bannie de la cour par Louis XIII

- **règne** de 1610 à 1643
- **dynastie** des Bourbons
- **succède à** Henri IV, son père
- **précède** Louis XIV, son fils
- **épouse** Anne d'Autriche

1601-1643

Louis XIII

Le roi juste

Roi dès l'âge de 9 ans, le fils d'Henri IV doit accepter la régence de sa mère, Marie de Médicis, qui gouverne sous l'influence de l'Italien Concini. À l'âge de 16 ans, le timide Louis XIII se rebelle et fait assassiner le conseiller de sa mère pour s'emparer du pouvoir. Après une période de troubles, le jeune roi restaure l'autorité royale et renforce la position de la France en Europe grâce à l'aide du cardinal de Richelieu.

À l'intérieur du royaume, le roi et son ministre combattent les protestants, limitent les pouvoirs des parlements et brisent la révolte de la noblesse, menée par le propre frère de Louis XIII, Gaston d'Orléans. Grand roi d'Europe, Louis XIII modernise son armée : il s'empare du Roussillon, de l'Artois, d'une partie de l'Alsace et combat la dynastie des Habsbourg d'Espagne, à la fin de la guerre de Trente Ans.

AH BON ?

En 1622, Louis XIII crée le corps des mousquetaires du roi dont il est lui-même le capitaine !

DUR !

Le futur Louis XIII est un enfant très colérique. Il poursuit sa gouvernante en criant : « Je vous couperai la tête ! »

BIO EXPRESS

- **1615** – mariage avec Anne d'Autriche
- **1617** – assassinat de Concini et début du règne réel de Louis XIII
- **1624** – Richelieu, principal ministre pendant 18 ans
- **1635** – début de la guerre contre l'Espagne, pendant la guerre de Trente Ans

- **épouse** de Louis XIII
- **mère** du roi Louis XIV
- **reine** de France de 1615 à 1643
- **régente** de 1643 à 1651

1601-1666

Anne d'Autriche

La mère du Roi-Soleil

Fille de Philippe III d'Espagne, la jeune Anne d'Autriche épouse Louis XIII en 1615. Les jeunes mariés ont 14 ans. Leur mariage ne sera pas très heureux. La mère du roi, l'influente Marie de Médicis, ne l'aime pas beaucoup et le cardinal de Richelieu, qui a une grande influence sur Louis XIII, la soupçonne sans arrêt de comploter contre les intérêts du royaume, d'autant plus que les soldats français mènent une guerre contre l'Espagne.

Écartée du pouvoir par Louis XIII, elle lui donne enfin un fils après 23 ans de mariage. C'est le futur Louis XIV. À la mort de Louis XIII (1643), elle devient régente du royaume, le dauphin ayant à peine 5 ans. Elle gouverne en étroite collaboration avec le cardinal Mazarin, qui remplace Richelieu à sa mort en 1642 et fait face avec courage à la Fronde, la révolte de la noblesse et des parlements. Très proche de son fils, elle laisse tout le pouvoir au futur Roi-Soleil dès 1651, mais continue à le conseiller.

LE POTIN

Anne d'Autriche et Mazarin sont très proches mais gardent secrets leurs sentiments : ils utilisent un code secret quand ils s'écrivent.

DUR !

Louis XIV aime beaucoup sa mère qui l'a protégé pendant la Fronde. Très choqué à l'annonce de sa mort, il se serait évanoui.

BIO EXPRESS

- **1615** mariage avec Louis XIII
- **1638** naissance de Louis Dieudonné, futur Louis XIV
- **1643** régence et soutien de Mazarin
- **1648-1653** quitte Paris pendant la Fronde

- **règne** de 1643 à 1715
- **dynastie** des Bourbons
- **succède à** Louis XIII, son père
- **précède** Louis XV, son arrière-petit-fils
- **épouse** Marie-Thérèse d'Autriche, puis Mme de Maintenon

1638-1715

Louis XIV

Le monarque absolu

À la mort de son père, Louis XIV n'est âgé que de 5 ans. Pendant plusieurs années, il est protégé par sa mère, Anne d'Autriche, et son ministre Mazarin face aux ambitions des grands princes, des nobles et des parlementaires. C'est la Fronde. À partir de 1661, le jeune roi s'empare seul du pouvoir et impose une monarchie absolue : il gouverne sans Premier ministre, avec des conseillers dévoués et très efficaces comme Colbert ou Louvois. Avec eux, Louis XIV modernise son armée et développe le commerce et l'industrie.

Sous son règne, la vie artistique et littéraire rayonne dans toute l'Europe grâce aux talents des écrivains Molière et La Fontaine, du compositeur Lully et du jardinier Le Nôtre. Son chef-d'œuvre est l'extraordinaire château de Versailles où vit depuis 1682 la famille royale avec la cour.

En 1685, Louis XIV révoque l'édit de Nantes : les protestants sont persécutés et beaucoup quittent le royaume. La monarchie n'a jamais été aussi puissante mais à la fin du règne du Roi-Soleil, la France, épuisée par de nombreuses guerres, est affaiblie par une crise économique.

LA CLASSE !

Vers 8 heures du matin, le roi se lève. Il est ensuite lavé, coiffé et rasé devant une centaine de courtisans qui ont le privilège d'assister à cette scène.

QUEL TALENT !

Roi artiste, Louis XIV est un excellent danseur et joue aussi très bien de la guitare.

BIO EXPRESS

- **1643** début officiel du règne
- **1643-1651** régence d'Anne d'Autriche
- **1660** mariage avec Marie-Thérèse d'Autriche

Louis XIV a une passion pour le parc de son château de Versailles, aménagé par le jardinier Le Nôtre, qui l'embellit de centaines de fontaines et de statues.

LE **POTIN**

En 1683, Louis XIV épouse en secret Mme de Maintenon qui n'est pas très aimée à la cour. La belle-sœur du roi la qualifie même de « vieille ratatinée » !

HALLUCINANT !

Louis XIV règne si longtemps que ni son fils ni ses petits-fils ne lui survivent.

1682 installation à Versailles

1683 mariage avec Mme de Maintenon

1685 révocation de l'édit de Nantes

AH **BON?**

La devise de Louis XIV était : « Je suis supérieur à tout le monde. »

- **règne** de 1715 à 1774
- **dynastie** des Bourbons
- **succède à** Louis XIV, son arrière-grand-père
- **précède** Louis XVI, son petit-fils
- **épouse** Marie Leszczynska

DUR !

Sous le règne de Louis XV, la peste ravage la région de Marseille et tue 85 000 personnes en quelques mois. C'est la dernière grande épidémie en France.

LE POTIN

Le jour du mariage royal, Marie Leszczynska a 22 ans et Louis XV seulement 15 ! Malgré cette différence d'âge, ils se plaisent beaucoup.

1710-1774

Louis XV

Roi faible d'un royaume fort

Comme Louis XIV à qui il succède en 1715, Louis XV est âgé de 5 ans quand il monte sur le trône. Mais il n'a pas la personnalité exceptionnelle de son arrière-grand-père. Son oncle, Philippe d'Orléans, puis le cardinal Fleury gouvernent à sa place jusqu'en 1743.

Très aimé par son peuple au début de son long règne de 59 ans, ce roi devient vite impopulaire en raison de ses dépenses et de sa vie trop festive. Trop indécis, Louis XV ne parvient pas non plus à mener de véritables réformes dans le royaume, ni à résister à l'influence de ses favoris et de ses maîtresses comme Mme de Pompadour ou Mme du Barry. Sous son règne, la France prend possession de la Lorraine et de la Corse mais perd de nombreuses colonies en Amérique et en Inde.

Louis XV doit aussi faire face aux critiques des parlementaires et surtout aux attaques des philosophes des Lumières, comme Diderot ou Voltaire, qui contestent les abus de la monarchie absolue et de la religion. Malgré l'opposition du roi, ils tentent d'instruire le peuple en publiant l'*Encyclopédie*.

BIO EXPRESS

- **1715** régence de Philippe d'Orléans
- **1722** sacre à Reims
- **1725** mariage avec Marie Leszczynska

Le 25 février 1745, Louis XV et la future marquise de Pompadour se rencontrent à un bal masqué. Il est déguisé en arbre et elle porte un costume de bergère.

HALLUCINANT !

Louis XV a eu un si grand nombre de maîtresses qu'il serait le père d'une vingtaine d'enfants !

AH BON ?

Louis XV adore les animaux sauvages et en achète un grand nombre pour sa ménagerie de Versailles. Ils servent souvent de modèles pour ses tapisseries.

1763 – la France doit céder ses colonies

1766 – rattachement de la Lorraine à la France

1768 – Gênes cède la Corse à la France

BIEN DIT !

« Mon cher enfant, vous allez être le plus grand roi de la Terre », a dit Louis XIV à son successeur.

1754-1793

Louis XVI

Souverain malgré lui

- **règne** de 1774 à 1792
- **dynastie** des Bourbons
- **succède à** Louis XV, son grand-père
- **épouse** Marie-Antoinette d'Autriche

Petit-fils de Louis XV, dauphin à la suite de la mort de son frère aîné, le jeune Louis XVI est mal préparé au « métier de roi ». Son mariage en 1770 avec l'archiduchesse autrichienne, Marie-Antoinette, provoque la joie du peuple mais ses espoirs sont déçus. Maladroit, timide, influencé par les grands princes qui refusent de perdre leurs privilèges, Louis XVI ne réforme pas le pays.

Confronté à une terrible crise financière, il est obligé de convoquer en 1789 les États généraux, une assemblée des représentants de la noblesse, du clergé et du tiers état (le peuple). C'est la première étape de la révolution qui va embraser la France et entraîner la chute des Bourbons.

Contraint de partager le pouvoir avec une assemblée, Louis XVI tente de fuir à l'étranger le 21 juin 1791, mais il est arrêté dans le village de Varennes. Il a perdu définitivement la confiance de son peuple. Le 10 août 1792, le roi et sa famille sont emmenés dans la prison du Temple. Quelques semaines plus tard, la République est proclamée. Condamné à mort, Louis XVI est guillotiné le 21 janvier 1793 sur l'actuelle place de la Concorde.

LA CLASSE !

Louis XVI est l'un des rois les plus cultivés : il parle allemand, espagnol et anglais mais il a aussi d'immenses connaissances en histoire et en géographie.

AH BON ?

Louis XVI se passionne pour la chasse ainsi que pour l'horlogerie, la serrurerie et la menuiserie !

BIO EXPRESS

- **1770** mariage avec Marie-Antoinette d'Autriche
- **1775** sacre à Reims
- **1789** prise de la Bastille

Les 5 et 6 octobre 1789, une foule, composée majoritairement de Parisiennes, vient à Versailles pour réclamer du pain à Louis XVI et demander son installation à Paris.

HALLUCINANT !

Favorables à la Révolution, de nombreux historiens présentent Louis XVI comme un homme petit et gros. Or il mesure plus d'1,90 m !

TROP GORE !

Après avoir été exécuté, Louis XVI est vite enterré dans une fosse commune de Paris sans aucun respect pour son titre de roi.

1791 — fuite à Varennes

1792 — proclamation de la République

1793 — guillotiné à 38 ans

RESPECT !

Le roi Louis XVI apporte tout son soutien aux Américains qui proclament leur indépendance. L'amitié entre la France et les États-Unis date de cette époque !

- **épouse** du roi de France Louis XVI
- **famille** des Habsbourg-Lorraine
- **règne** de 1774 à 1792

1755-1793

Marie-Antoinette

La reine guillotinée

Fille de l'empereur François Ier et de Marie-Thérèse d'Autriche, la jolie Marie-Antoinette épouse le dauphin Louis en 1770. Ce mariage est le symbole de la réconciliation des monarchies française et autrichienne. La jeune princesse aime s'amuser, sortir, danser et se divertir. Lui aime étudier, lire et chasser. Il faut attendre huit longues années pour que Marie-Antoinette donne enfin naissance à son premier enfant.

Détestant le sérieux de la cour, elle vit le plus souvent dans le domaine du Trianon, au cœur du parc de Versailles, où elle n'invite que ses amis, à la grande colère des courtisans. Pendant la révolution, Marie-Antoinette dissuade le roi d'accepter de grandes réformes et l'incite à fuir la France en 1791. Symbole de la monarchie égoïste, elle est condamnée à mort. Elle est guillotinée neuf mois après Louis XVI, le 16 octobre 1793.

AH BON ?

Marie-Antoinette n'est pas du tout destinée à devenir reine de France : elle est l'avant-dernière d'une famille de seize enfants !

LA CLASSE !

Marie-Antoinette joue très bien de la harpe. Elle est également une redoutable joueuse de billard et de cartes.

BIO EXPRESS

- **1770** mariage avec le futur Louis XVI
- **1774** devient reine de France à 19 ans
- **1778** naissance de sa première fille

La reine organise des grands bals pour ses amis de la cour et fait donner des représentations théâtrales deux à trois fois par semaine.

HALLUCINANT !

Très élégante, Marie-Antoinette aime surprendre ses invités : elle demande à son coiffeur, Léonard, de lui créer des coiffures décorées de plumes d'oiseaux !

LA HAINE !

Quand elle traverse Paris pour être emmenée vers la guillotine, Marie-Antoinette est insultée pendant tout le voyage par un acteur payé pour jouer ce rôle sordide.

1789 — début de la Révolution française

1793 — est guillotinée

DUR !

En 1795, le dauphin Louis XVII meurt à la prison du Temple. Mais beaucoup de royalistes pensent qu'il s'est échappé et va remonter sur le trône.

1769-1821

Napoléon Ier

Empereur tout-puissant

- **règne** de 1804 à 1815
- **dynastie** des Bonaparte
- **succède à** la République
- **précède** Louis XVIII
- **épouse** Joséphine de Beauharnais, puis Marie-Louise d'Autriche

Véritable génie militaire, général à 24 ans, Napoléon Bonaparte s'empare du pouvoir lors du coup d'État du 18 brumaire (9 novembre 1799). Nommé Premier consul, il devient tout-puissant : il nomme les ministres, les généraux, les fonctionnaires et les juges ! Pour mieux surveiller la capitale, il s'installe dans le palais des Tuileries entre 1800 et 1815.

En quelques années, Napoléon modernise la France dans de nombreux domaines comme la justice, avec l'élaboration du Code civil, ou l'éducation, avec la création des lycées et du baccalauréat. Pour renforcer plus encore son autorité, il se fait sacrer empereur en 1804.

Avec son immense armée, Napoléon s'empare d'une grande partie du continent. Il place plusieurs membres de sa famille sur les trônes d'Espagne, de Naples ou de Hollande. Vaincu par les monarques européens en 1814, après la désastreuse campagne de Russie, il est exilé sur l'île d'Elbe, en Méditerranée. Mais il réussit à rentrer en France et à reprendre le pouvoir en 1815. C'est la période des Cent-Jours. De nouveau vaincu à Waterloo (actuelle Belgique), Napoléon est emmené sur l'île de Sainte-Hélène, laissant une France ruinée par ses guerres.

MALIN !

Quand il part avec son armée en Égypte pour s'opposer aux Anglais (1797-1801), Napoléon emmène 167 savants chargés de mener des études scientifiques et de rapporter des trésors !

TROP GORE !

Lors de la campagne de Russie, 200 000 soldats français meurent dans les combats ou à cause du froid !

BIO EXPRESS

- **1796** mariage avec Joséphine de Beauharnais
- **1799** coup d'État : Napoléon s'empare du pouvoir
- **1804** sacre à Notre-Dame de Paris
- **1805** victoire à Austerlitz

Pour montrer son autorité sur le pape, Napoléon se sacre lui-même et couronne ensuite l'impératrice Joséphine ! Le pape n'est qu'un figurant lors de la cérémonie.

LA **CLASSE !**

Comme les empereurs romains de l'Antiquité, Napoléon fait construire un monument à la gloire de ses soldats : ce sera l'Arc de triomphe de Paris !

AH **BON ?**

Napoléon choisit pour symbole l'aigle, comme le conquérant Jules César qu'il admire.

1810 — mariage avec Marie-Louise d'Autriche

1812 — campagne de Russie

1815 — défaite de Waterloo

DUR !

Enfant, Napoléon a un fort accent corse et prononce son prénom « Napollioné ». Ses camarades de classe le surnomment alors « La paille-au-nez » !

- **épouse** de Napoléon Ier
- **impératrice** des Français de 1804 à 1809

1763-1814

Joséphine de Beauharnais

Une séductrice sur le trône

Née en Martinique dans une riche famille de colons, Joséphine se marie une première fois en 1779 avec Alexandre de Beauharnais. Le couple se sépare après quelques années et la naissance de deux enfants, Eugène et Hortense. Femme libre, séduisante, elle fréquente les salons à la mode et côtoie de nombreux officiers et hommes politiques célèbres comme Barras.

Après avoir longtemps hésité, elle épouse en 1796 le jeune général Bonaparte promis à une belle carrière. Détestée par sa belle-famille, elle est couronnée impératrice en 1804. Très élégante, elle influence largement la mode du Premier Empire. Mais Joséphine ne parvient pas à donner d'héritier à Napoléon qui souhaite fonder une dynastie. Elle doit accepter le divorce en 1809. Elle se retire dans sa résidence somptueuse de la Malmaison, aux environs de Paris, où elle poursuit une vie mondaine et festive.

LE POTIN

Le vrai prénom de l'impératrice est Marie-Joseph-Rose, mais Napoléon décide de la rebaptiser Joséphine !

SYMPA !

Joséphine de Beauharnais fait pousser dans les serres de sa maison des plantes exotiques qui lui rappellent ses Antilles natales.

BIO EXPRESS

- **1794** son premier mari meurt guillotiné
- **1796** mariage avec Napoléon
- **1804** Joséphine devient impératrice
- **1809** divorce de Napoléon

- **épouse** de Napoléon Ier
- **impératrice** des Français de 1810 à 1814

1791-1847

Marie-Louise

Une impératrice éphémère

Fille de l'empereur d'Autriche François Ier, l'archiduchesse Marie-Louise épouse l'empereur en 1810, après le divorce de Napoléon et de Joséphine de Beauharnais. Ce mariage a pour objectif de pacifier les relations entre la France et l'Autriche après 18 années de guerre mais aussi de donner un héritier à la dynastie des Bonapartes. Dès l'année suivante, la naissance tant espérée d'un fils, le futur Napoléon II, qui reçoit le titre de roi de Rome, semble assurer l'avenir de l'Empire.

Signe de sa grande confiance, Napoléon nomme même Marie-Louise régente quand il part en campagnes militaires. À partir de 1814, les défaites successives de Napoléon entraînent son abdication puis son exil sur l'île de Sainte-Hélène. Abandonnant son mari à son triste sort, Marie-Louise s'installe en Autriche dès la chute de l'Empire. Elle se remarie deux fois et a deux autres enfants !

AH BON ?

Dans les premiers temps de son mariage, Marie-Louise n'est pas très heureuse de vivre dans le pays où sa grand-tante Marie-Antoinette avait été guillotinée !

HALLUCINANT !

Juste avant d'épouser Napoléon, Marie-Louise le traitait « d'ogre corse ». Après son mariage, elle le surnomme « Nana » ou « Popo ».

BIO EXPRESS

- **1810** mariage avec Napoléon
- **1811** naissance de Napoléon II
- **1814** retourne en Autriche

1755-1824

Louis XVIII

Un roi modéré

- **règne** de 1814 à 1824
- **dynastie** des Bourbons
- **succède à** Napoléon Ier
- **précède** Charles X, son frère
- **épouse** Louise de Savoie

Frère cadet de Louis XVI, le comte de Provence s'enfuit à l'étranger en 1791 pour mobiliser les rois européens contre les révolutionnaires français. C'est un échec. Il ne reviendra qu'en 1814, à la chute de l'Empire napoléonien, pour monter sur le trône, à l'âge de 59 ans. C'est le début de la Restauration. En 1815, Louis XVIII est chassé du pouvoir par Napoléon pendant la période des Cent-Jours, mais il retrouve sa couronne après Waterloo.

Modéré, il renonce au sacre et accepte le principe d'une Charte, une constitution qui limite son pouvoir. Il veut apaiser le royaume déchiré entre les royalistes, les nostalgiques de l'Empire, les modérés et les partisans de la République. Libéral au début de son règne, il cède au fil du temps devant les pressions des ultra-royalistes menés par son frère, le futur Charles X, qui exigent le retour à la monarchie absolue. Il est le dernier roi à ne pas être chassé par une révolution.

DUR !

Obèse, Louis XVIII est parfois surnommé « le gros cochon » ! Il se déplace le plus souvent avec des béquilles ou en fauteuil roulant.

AH BON ?

Louis XVIII, qui a passé son enfance à Versailles, s'installe aux Tuileries, comme son prédécesseur.

BIO EXPRESS

- **1791** fuite en Italie
- **1814** retour de Louis XVIII à Paris
- **1815** fuite pendant les Cent-Jours
- **1822** commence à mener une politique autoritaire

1757-1836

Charles X

Le conservateur

- **règne** de 1824 à 1830
- **dynastie** des Bourbons
- **succède à** Louis XVIII, son frère
- **précède** Louis-Philippe, son cousin
- **épouse** Marie-Thérèse de Sardaigne

Frère de Louis XVI et de Louis XVIII, le comte d'Artois monte sur le trône à 67 ans ! À contrecœur, il doit accepter la Charte, la constitution qui limite son pouvoir, mais il rêve de régner comme son ancêtre Louis XIV. Très attaché aux valeurs de la monarchie absolue, il se fait sacrer à Reims en 1825 et devient vite impopulaire. Il limite l'indépendance de la presse et modifie les règles électorales pour avantager les ultras, les royalistes les plus exigeants. Le peuple gronde.

Pour retrouver la confiance de ses sujets, Charles X commence, en 1830, la conquête de l'Algérie qui deviendra française jusqu'en 1962. Mais il est trop tard. Les Parisiens se révoltent les 27, 28 et 29 juillet 1830, trois journées appelées les Trois Glorieuses. Charles X fuit en Angleterre puis en Autriche où il meurt en 1836, victime du choléra.

AH BON ?

En 1826, le vice-roi d'Égypte offre une girafe à Charles X. Elle monte de Marseille à Paris en marchant.

HALLUCINANT !

Pour son sacre, Charles X fait construire un carrosse somptueux, tiré par huit chevaux et entièrement recouvert de feuilles d'or.

BIO EXPRESS

- **1789** émigre pour fuir la Révolution
- **1824** début du règne
- **1825** sacre à Reims
- **1830** abdication et nouvel exil

1773-1850

Louis-Philippe

Le roi des Français

- **règne** de 1830 à 1848
- **dynastie** des Orléans
- **succède à** Charles X, son cousin
- **précède** la IIe République
- **épouse** Marie-Amélie de Bourbon

DUR !

Fils du duc d'Orléans, qui a voté la mort de son cousin au procès de Louis XVI, et parvenu au pouvoir après une révolution, Louis-Philippe n'est pas très aimé par les cours européennes.

MALIN !

En 1840, le roi fait rapporter les cendres de Napoléon en France pour séduire les partisans de l'empereur.

Appelé par les députés sur le trône après la révolution des Trois Glorieuses (juillet 1830), le cousin de Charles X est âgé de 57 ans. Choisi par son peuple, lié à ses sujets par la Charte qui renforce le pouvoir des parlementaires, le duc d'Orléans ne porte pas le titre de roi de France mais de roi des Français. C'est la monarchie de Juillet, qui va durer 18 ans.

Très populaire au début de son règne, Louis-Philippe vit de manière plus modeste que son prédécesseur et aime se promener dans les rues comme un simple bourgeois. Très vite, cependant, il devient autoritaire, censure la presse et refuse les réformes. Les caricaturistes se moquent de lui en le représentant sous la forme d'une poire, symbole de la bêtise.

Au début de la révolution industrielle, les bourgeois s'enrichissent mais les paysans et les ouvriers sont de plus en plus pauvres. Cette pauvreté entraîne des émeutes au mois de février 1848 et la fuite en Angleterre du dernier roi de l'histoire de France. C'est le temps de la IIe République.

BIO EXPRESS

- **1810** mariage avec Marie-Amélie de Bourbon
- **1830** début du règne
- **1831** révolte ouvrière à Lyon

LA **STAR**

Louis-Philippe est le premier roi à avoir été photographié. Ce cliché historique date de 1840.

Le règne de Louis-Philippe est marqué par la révolution industrielle et l'essor des chemins de fer. La première ligne destinée aux voyageurs est ouverte entre Paris et Saint-Germain en 1837.

HALLUCINANT !

En 1835, Louis-Philippe est visé par un attentat terrible : une machine explose à son passage, tue 19 personnes et en blesse 42, mais le roi n'a qu'une égratignure !

1835 loi contre la liberté de la presse

1841 s'empare de Mayotte

1848 abdication

AH **BON?**

En 1837, Louis-Philippe commande 3 000 tableaux pour montrer au peuple toutes les gloires de la France depuis le règne de Clovis !

Napoléon III

1808-1873

Le dernier empereur

- **règne** de 1852 à 1870
- **dynastie** des Bonaparte
- **succède à** la IIe République
- **précède** la IIIe République
- **épouse** Eugénie de Montijo

LA HAINE !

L'empereur Napoléon III est surnommé méchamment « Napoléon le Petit » par Victor Hugo.

MALIN !

En 1869, Napoléon III organise un concours pour remplacer le beurre par un produit économique. Le gagnant a inventé la margarine !

Élu en 1848 président de la République pour 4 ans, au suffrage universel et avec 74 % des voix, le neveu de Napoléon veut rester au pouvoir après son mandat. Il organise un coup d'État et devient empereur des Français en 1852.

Au début de son règne, il gouverne de manière autoritaire puis met en place un régime parlementaire plus libéral et social. Il accorde par exemple le droit de grève aux ouvriers. Dès son accession au trône, Napoléon III favorise aussi l'essor de l'industrie, des finances, du commerce et développe le réseau des voies ferrées qui va bouleverser toute la vie économique.

Il fait également réaliser des travaux d'urbanisation dans les grandes villes, comme à Paris, qu'il transforme avec Haussmann en perçant de grands axes de circulation. À l'extérieur, il poursuit la conquête de l'Algérie et mène les guerres de Crimée et du Mexique. La terrible défaite contre la Prusse en 1870 aboutit à la proclamation de la IIIe République. L'empereur vaincu est emprisonné quelques mois par ses ennemis avant de s'exiler en Angleterre.

BIO EXPRESS

- **1848** : élection de Louis-Napoléon à la présidence de la République
- **1851** : coup d'État qui renverse la IIe République
- **1853** : mariage avec Eugénie de Montijo
- **1854-1856** : guerre de Crimée contre la Russie

Napoléon III et Haussmann élargissent les rues et détruisent les quartiers populaires supposés être les repaires des révolutionnaires.

BIEN DIT !

« Je ne lis jamais les journaux français, ils n'impriment que ce que je veux. »

SÉQUENCE ÉMOTION

Le jour de la naissance de son fils, le 16 mars 1856, Napoléon III décide de devenir le parrain de tous les petits Français nés le même jour, soit 3 000 enfants !

1861-1867 échec de la conquête du Mexique

1870 défaite française face aux Prussiens à Sedan

DUR !

Tué dans un combat en Afrique du Sud contre les Zoulous, le fils unique de Napoléon III meurt sans laisser d'héritier.

Les rois et reines

Le règne le plus long

C'est celui de Louis XIV. Le Roi-Soleil arrive en tête avec un règne de 72 ans. Il devance largement Louis XV (59 ans).

Le rois le plus jeune

C'est celui du petit Jean Ier qui n'a vécu que 5 jours, du 15 au 19 novembre 1316 ! Son père Louis X étant mort au mois de juin précédent, il est devenu roi dès le jour de sa naissance.

Le roi le plus âgé le jour de son sacre

C'est le roi Charles X, sacré à l'âge de 68 ans en 1824, soit exactement 50 ans après le couronnement de son grand frère Louis XVI ! Il devra quitter précipitamment le trône après 6 ans de règne.

La naissance la plus attendue

C'est celle du futur Louis XIV qui naît après 23 ans de mariage entre ses parents Louis XIII et Anne d'Autriche. 300 000 cloches carillonnent dans le royaume pour annoncer la nouvelle.

La plus grande cour

C'est celle de Louis XVI avec près de 16 000 courtisans logés près du roi. Cette cour coûte très cher au royaume à cause des nombreuses animations organisées pour l'occuper.

en dix records

La reine la plus ambitieuse

Il y en a eu beaucoup mais l'attitude de Marie de Médicis n'est pas très correcte. Elle gouverne pendant la jeunesse de son fils Louis XIII et refuse de lui rendre le pouvoir à sa majorité !

Le roi le plus dingue

C'est Charles VI. Il reste 42 ans sur le trône mais il sombre vite dans la folie. Et comme la France est en pleine guerre de Cent Ans, les Anglais vont largement en profiter.

Le roi le plus chrétien

Sans contestation possible, il s'agit du roi Louis IX qui est même considéré comme un véritable saint par l'Église catholique depuis la fin du XIIIe siècle.

Le roi le plus critiqué

Louis XVI a toujours été considéré comme un roi faible et stupide. Il était au contraire très intelligent, très cultivé, mais il n'était tout simplement pas fait pour diriger la France.

La reine la plus incroyable

La belle Aliénor d'Aquitaine est la seule à être montée à la fois sur le trône de France, puis sur celui d'Angleterre.

Quiz

Amuse-toi à répondre aux questions suivantes !

Tu trouveras les solutions tout au long du livre et p. 319.

1 Combien mesure le plus grand taureau peint dans la grotte de Lascaux ?

A. plus de 2 mètres de long
B. plus de 3 mètres de long
C. plus de 5 mètres de long
D. plus de 7 mètres de long

2 Quel cadeau fait Harun al-Rashid à Charlemagne en signe d'amitié ?

A. des étoffes rares
B. un éléphant blanc
C. des bijoux précieux
D. un troupeau de chameaux

3 À quelle forme géométrique peut-on comparer la France ?

A. un triangle
B. un carré
C. un hexagone
D. un cercle

4 Pourquoi les soldats de la Première Guerre mondiale sont-ils surnommés les «poilus» ?

A. parce qu'il ne se rasent pas
B. parce qu'ils aiment se «poiler», rire dans les tranchées
C. parce que poilu signifie «brave» en argot
D. parce qu'ils sont fainéants et ont «un poil dans la main»

5 De quoi la ville de Grasse est-elle la capitale mondiale ?

A. du tannage
B. de l'orfèvrerie
C. du parfum
D. de la marqueterie

6 Quel mot désigne l'ensemble des nobles qui entourent le roi ?

A. La foule
B. La cour
C. La galerie
D. Le jardin

7 Combien mesure le Locmariaquer, le plus grand menhir d'Europe ?

A. 15, 8 mètres
B. 28,7 mètres
C. 20,6 mètres
D. 17,9 mètres

8 Comment surnomme-t-on le Mont-Saint-Michel ?

A. «la Bastille des mers», car il sert de prison sous la monarchie de juillet
B. «la Pyramide des mers», en raison de sa forme triangulaire
C. «la Vierge de granit», en référence à la géologie du site
D. «le Mont flottant», car il semble flotter entre terre et mer

9 **Que portent les rois sur la tête lors des grandes cérémonies ?**

A. des fleurs
B. une couronne
C. un chapeau
D. un bonnet d'âne

10 **De quelle couleur sont les vitraux « blancs » qui pare l'abbaye romane de Sainte-Foy depuis 1994 ?**

A. blanc
B. gris
C. incolore
D. noirs

11 **De quelle dynastie Hugues Capet est-il le premier représentant ?**

A. les Carolingiens
B. les Valois
C. les Bourbons
D. les Capétiens

12 **Qui étaient les « canuts » lyonnais ?**

A. les ouvriers de la soie
B. les ouvriers de la porcelaine
C. les ouvriers du coton
D. les ouvriers de l'automobile

13 **Avec quoi les Gaulois décorent-ils leurs sanctuaires religieux ?**

A. des fleurs et des bougies
B. des branches et des rameaux
C. des toiles peintes
D. des cornes de bœufs et des crânes humains

14 **À quoi servent les gargouilles qui ornent Notre-Dame de Paris ?**

A. à évacuer l'eau de pluie loin des murs
B. à éloigner les mauvais esprits
C. à attirer la foudre
D. à contenir des reliques

15 **Au XVIIIe siècle, L'*Encyclopédie* est publiée sur trente ans, mais combien compte-t-elle de volumes ?**

A. 30 **C.** 35
B. 25 **D.** 40

16 **Le roi Louis XIV a des talents artistiques, lesquels ?**

A. il peint et dessine
B. il grave et sculpte
C. il chante
D. il danse et joue de la guitare

17 **La peine de mort est abolie sous la présidence de François Mitterrand. En quelle année ?**

A. en 1981
B. en 1982
C. en 1984
D. en 1988

18 **De quel pays la reine Marie-Antoinette est-elle originaire ?**

A. Autriche
B. Espagne
C. Italie
D. Angleterre

19 **Pourquoi Charles Martel tient-il son nom du vieux français « marteau » ?**

A. parce qu'il frappait fort ses ennemis
B. parce qu'il portait toujours un marteau à la ceinture
C. parce qu'il avait le visage plat, comme écrasé au marteau
D. parce que sa voix était aussi forte que le martellement du marteau

20 **En 1305, où le nouveau pape Clément V installe-t-il la Cité des papes ?**

A. à Pise
B. à Paris
C. à Avignon
D. à Lyon

21 **À quel dieu grec Louis XIV se compare-t-il ?**

A. à Apollon, le dieu de la lumière et de la beauté
B. à Zeus, le dieu suprême
C. à Héphaïstos, le dieu forgeron
D. à Hermès, le dieu messager

22 **Qui est le premier roi à avoir été photographié ?**

A. Louis XVIII
B. Charles X
C. Louis-Philippe
D. Louis XVI

23 **Que représentent les vitraux de la cathédrale de Chartres ?**

A. des animaux et des plantes
B. des scènes de la mythologie
C. des images pieuses et des scènes de la vie quotidienne
D. des scènes de romans de chevalerie

24 **Combien de temps a duré la guerre de Cent Ans ?**

A. 100 ans
B. 99 ans
C. 105 ans
D. 116 ans

25 **En quoi l'abbaye de Fontenay est-elle transformée après la Révolution française ?**

A. en habitation
B. en tannerie
C. en boutique
D. en papeterie

26 **Quel navigateur est chargé par François Ier d'explorer l'Amérique du Nord ?**

A. Christophe Colomb
B. Marco Polo
C. Vasco de Gama
D. Jacques Cartier

27 **De quelle ville Montaigne est-il le maire entre 1581 et 1585 ?**

A. Toulouse
B. Montpellier
C. Bordeaux
D. Nice

28 **Qui possède le plus grand empire colonial du monde en 1931 ?**

A. la France
B. la Belgique
C. le Royaume-Uni
D. l'Allemagne

29 **Comment est surnommée l'épée de Charlemagne ?**

A. « Ravageuse »
B. « Fleurie »
C. « Vengeresse »
D. « Joyeuse »

30 **Quel célèbre architecte commence les travaux de restauration de la place forte de Carcassonne en 1844 ?**

A. Eugène Viollet-le-Duc
B. Léonard de Vinci
C. Le Corbusier
D. Le marquis de Vauban

31 **À quoi le plan de Paris ressemble-t-il ?**

A. à une pieuvre
B. à une pomme
C. à une limace
D. à un escargot

32 **En quelle année les femmes françaises obtiennent-elles le droit de vote ?**

A. en 1906
B. en 1918
C. en 1936
D. en 1944

33 **Quel célèbre parc d'attractions trouve-t-on en Vendée ?**

A. Eurodisney
B. le Puy-du-Fou
C. le Futuroscope
D. le parc Astérix

34 **Quel remède fatal donne-t-on au pape Clément V pour le guérir de sa longue maladie ?**

A. de l'arsenic
B. un plat de diamants pillés
C. du cyanure
D. un plat d'émeraudes pillées

35 **Quel est le nom du fauteuil du roi ?**

A. le transat
B. le canapé
C. le trône
D. le tabouret

36 **Quelles étaient les armoiries de Jacques Cœur ?**

A. des cœurs et des fleurs de lys
B. des cœurs et coquilles Saint-Jacques
C. un cœur et un cerf volant
D. des cœurs et des palourdes

37 **Quel artiste italien François Ier invite-t-il au Clos Lucé en 1516 ?**

A. Sandro Botticelli
B. Léonard de Vinci
C. Fra Angelico
D. Michel-Ange

38 **Où trouve-t-on la citation «Les hommes naissent et demeurent libres et égaux en droits» ?**

A. dans l'*Encyclopédie*
B. dans la Déclaration des droits de l'homme et du citoyen
C. dans un discours de Robespierre
D. dans une lettre de Diderot

39 **Quel monument Napoléon fait-il construire à la gloire de ses soldats ?**

A. l'Arc de triomphe de Paris
B. le Panthéon
C. la tour Eiffel
D. l'hôtel des Invalides

40 **Quel loisir François Ier aime-t-il pratiquer à Chambord ?**

A. la chasse
B. la danse
C. la pêche
D. le chant

41 **Dans quel château trouve-t-on le célèbre escalier en fer-à-cheval construit par Jean Androuet du Cerceau ?**

A. à Chambord
B. à Fontainebleau
C. à Vaux-le-Vicomte
D. à Chenonceau

42 **De quelle(s) couleur(s) est le drapeau national français imposé par Lamartine en 1848 ?**

A. bleu blanc rouge
B. rouge
C. vert jaune rouge
D. blanc

43 **Napoléon est un travailleur acharné, combien d'heures dort-il par nuit ?**

A. 7 heures
B. 6 heures
C. 5 heures
D. 4 heures

44 **On surnomme les gens du Nord les «Ch'tis». Que signifie cette expression dans le patois picard ?**

A. « petits »
B. « chemins »
C. « celui » ou « ceux »
D. « ouvriers »

45 **Aliénor d'Aquitaine est reine de France et d'un autre royaume, lequel ?**

A. le royaume de Castille
B. le royaume d'Angleterre
C. le royaume de Sicile
D. le Royaume d'Aragon

46 **Combien de tonnes de frites consomme-t-on en 48h pendant la Grande Braderie annuelle de Lille ?**

A. 5
B. 10
C. 20
D. 30

47 **Où est baptisé Clovis, le roi des Francs ?**

A. à Rome, dans la basilique Saint-Pierre
B. dans la cathédrale de Reims
C. dans la basilique Saint-Denis
D. dans la cathédrale Notre-Dame de Paris

48 **Pourquoi appelle-t-on les révolutionnaires les« sans-culottes » ?**

A. parce qu'ils sont culottés
B. parce qu'ils parce qu'ils portent des jupes et pas de culotte de soie comme les nobles
C. parce qu'ils portent un simple pantalon et non une culotte de soie
D. parce qu'ils aiment être à moitié nu

49 **Combien de pièces compte Chambord, le plus grand château de la Loire ?**

A. 380
B. 158
C. 440
D. 250

50 **Que devient la Corderie royale en 1985 ?**

A. un musée de l'armée
B. un hôtel
C. une école
D. le Centre International de la Mer

51 **Que désignent les termes révolutionnaires « germinal », « floréal » ou « thermidor » ?**

A. des fleurs
B. des régions de France
C. des mois du calendrier
D. des lieux de bataille

52 **Combien d'habitants y a-t-il à Rochefourchat, le village le moins peuplé de France ?**

A. 50
B. 30
C. 15
D. 1

53 **En 1841, à quel âge les enfants peuvent-il commencer à travailler ?**

A. à partir de 6 ans
B. à partir de 9 ans
C. à partir de 12 ans
D. à partir de 8 ans

54 **Comment s'appelle le célèbre astrologue de Catherine de Médicis ?**

A. Nostradamus
B. Merlin
C. Gandalf
D. Raspoutine

55 **Pourquoi le roi Pépin est-il surnommé « le Bref » ?**

A. à cause de sa petite taille
B. parce qu'il ponctuait toutes ses phrases du mot bref
C. parce qu'il avait de petits pieds
D. parce que son règne fut très bref

56 **Au XVIIe siècle, combien d'ouvriers sont mobilisés lors de la construction du château de Versailles ?**

A. 10 000 **B.** 22 000
C. 36 000 **D.** 40 000

57 **Comment surnomme-t-on la ville de Nancy ?**

A. « la ville rose », à cause des murs de brique de ses bâtiments
B. « la ville lumière », en raison de l'efficacité de son éclairage
C. « la porte du midi », car elle représente le début du sud
D. « la ville aux portes d'or », en référence aux grilles dorées de la place Stanislas

58 **Qu'est ce que « la chenille » du Centre Pompidou, à Paris ?**

A. une statue en forme de chenille que l'on trouve dans le hall du centre
B. un petit train qui part de Pompidou pour aller vers les autres musées
C. la file d'attente des visiteurs qui attendent devant le centre
D. l'escalier mécanique qui traverse la façade dans un tube vitré

59 **Quel oiseau symbolise l'Alsace ?**

A. La cigogne
B. Le héron
C. La mésange
D. Le corbeau

index

Les chiffres **en gras** se réfèrent aux entrées principales.

Quiz

Réponses :

1C, 2B, 3C, 4C, 5C, 6B, 7C, 8A, 9B, 10C, 11D, 12A, 13D, 14A, 15C, 16D, 17A, 18A, 19A, 20C, 21A, 22C, 23C, 24D, 25D, 26D, 27C, 28C, 29D, 30A, 31D, 32D, 33B, 34D, 35C, 36B, 37B, 38B, 39A, 40A, 41B, 42A, 43D, 44C, 45B, 46D, 47B, 48C, 49C, 50D, 51C, 52D, 53D, 54A, 55A, 56C, 57D, 58D, 59A.

Au moment de l'impression, le découpage et le nom des régions indiqués dans cet ouvrage correspondent à ceux indiqués sur le site www.gouvernement.fr/action/la-reforme-territoriale

Maquette : **Alice Nussbaum**
Photogravure : **IGS**

25 avenue Pierre de Coubertin 75013 Paris
ISBN : 978-2-09256428-8
N° d'éditeur : 10216956

Partie Géographie :
Texte : **Olivier Bauer** – Illustrations : **Francis Gardiol**
Édition : **Caroline Larroche**
Relecture : **Karine Elsener**

Ce livre réunit aussi 3 titres de la collection *Les Concentrés* **déjà parus sous les titres :**

Monuments de France © 2015 Éditions Nathan
Texte : **Sandrine Mirza** – Illustrations : **Vincent Desplanche**

Histoire de France © 2014 Éditions Nathan
Texte : **Sandrine Mirza** – Illustrations : **Étienne Jung**

Rois et Reines de France © 2013 Éditions Nathan
Texte : **Jean-Michel Billioud** – Illustrations : **Rémi Saillard**

Dépôt légal : mai 2016
Achevé d'imprimer en Italie en avril 2016 par La Tipografica Varese Srl
Loi n°49-956 du 16 juillet 1949 sur les publications destinées à la jeunesse, modifiée par la loi n°2011-525 du 17 mai 2011

FSC
www.fsc.org
MIXTE
Papier issu de sources responsables
FSC® C022030